企业刑事合规丛书
总主编 刘艳红

企业合规管理参考用书
企业首席合规官必读书籍
企业合规师培训辅导教材

企业刑事合规体系建设指导与示例

中国政法大学企业合规检察研究基地◎编
印波 代现峰◎主编

法律出版社
LAW PRESS·CHINA
北京

图书在版编目(CIP)数据

企业刑事合规体系建设指导与示例 / 中国政法大学企业合规检察研究基地编；印波，代现峰主编. -- 北京：法律出版社，2024

ISBN 978-7-5197-9055-4

Ⅰ.①企… Ⅱ.①中… ②印… ③代… Ⅲ.①企业法—研究—中国 Ⅳ.① D922.291.914

中国国家版本馆 CIP 数据核字(2024)第 081780 号

企业刑事合规体系建设指导与示例
QIYE XINGSHI HEGUI TIXI JIANSHE ZHIDAO YU SHILI

中国政法大学企业合规检察研究基地 编
印 波 代现峰 主编

策划编辑 朱海波 杨雨晴
责任编辑 朱海波 杨雨晴
装帧设计 臧晓飞

出版发行 法律出版社
编辑统筹 法律应用出版分社
责任校对 晁明慧
责任印制 刘晓伟
经　　销 新华书店

开本 710 毫米 × 1000 毫米 1/16
印张 15.5　**字数** 240 千
版本 2024 年 5 月第 1 版
印次 2024 年 5 月第 1 次印刷
印刷 三河市龙大印装有限公司

地址：北京市丰台区莲花池西里 7 号(100073)
网址：www.lawpress.com.cn
投稿邮箱：info@lawpress.com.cn
举报盗版邮箱：jbwq@lawpress.com.cn

销售电话：010-83938349
客服电话：010-83938350
咨询电话：010-63939796

书号：ISBN 978-7-5197-9055-4　**定价**：58.00 元

凡购买本社图书，如有印装错误，我社负责退换。电话：010-83938349

企业刑事合规丛书
编委会

企业刑事合规丛书总主编简介

刘艳红

中国政法大学刑事司法学院院长、教授、博士生导师，教育部“长江学者奖励计划”特聘教授、“全国十大杰出青年法学家”，享受国务院政府特殊津贴专家、国家“百千万人才工程”入选者、国家级“有突出贡献中青年专家”。兼任国务院学位委员会学科评议组委员，教育部高等学校法学类专业教学指导委员会委员，最高人民检察院企业合规检察研究基地主任等。科研成果获教育部高等学校科学研究优秀成果奖（人文社会科学）一等奖次、第八届钱端升法学研究成果奖一等奖等奖励。主持国家社科基金等项目30余项，在《中国社会科学》等期刊发表文章200余篇，出版著作“实质刑法系列”《开放的犯罪构成要件理论研究》《实质刑法观》《实质犯罪论》《实质出罪论》，以及其他著作10余部。

序　一

企业刑事合规是法治社会建设的重要内容，也是企业可持续发展的重要条件。随着刑事立法的不断完善和刑事执法的不断强化，企业在经营过程中，不仅要关注市场竞争风险，还要关注刑事合规风险。一旦发生刑事案件，企业不仅会遭受经济损失，还会影响声誉和信誉，甚至可能导致企业破产。因此，企业必须重视刑事合规，建立有效的刑事合规管理体系，防范和化解刑事合规风险，保障企业合规经营、长远发展。

企业合规在我国是一项方兴未艾的事业，既有快速发展和普遍推广的机遇，也面临着知识不足和意识不强的挑战。党中央把高质量发展作为全面建设社会主义现代化国家的首要任务，把加快营造市场化、法治化、国际化一流营商环境以及依法保护企业产权和企业家权益作为当前的重大政治责任，这为企业合规事业的发展提供了前所未有的政治环境。然而，经济不景气，企业家合规意识不强，合规专业人才不足等成为目前制约我国合规事业发展的重要因素。从企业刑事合规的角度来看，我国刑事立法活跃，刑事处罚领域不断拓宽，风险刑法的地位日趋突出，企业经营中刑事法律风险不可忽视。

企业刑事合规管理已经成为现代企业管理的重要组成部分。要做好企业刑事合规，并不是一件容易的事。在企业刑事合规管理体系建设中我们可能遇到以下几个方面的难点和挑战：

第一，企业刑事合规法律制度不健全。我国《刑法》目前总体上是一部自然人刑法，对于企业的刑事责任和刑事处罚的规定不全面、不明确，更不完善。譬如，对企业的刑罚种类偏少，量刑标准不清晰，还没有把有效合规作为认定企业刑事责任的法定情节，也没有把合规管理作为区分企业责任与企业家责任的根据。这些问题给企业刑事合规的制度设计和实施带来了不确定性。

第二，企业刑事合规管理体系不普及。除了中央企业外，我国企业特别是民营企业在刑事合规方面的意识和能力还有待提高，许多企业没有建立健全的刑事合规管理体系，或者只是建立了纸面上的刑事合规制度，但没有有效地运行。这些问题导致企业在经营活动中，难以有效地识别、评估、控制和应对刑事风险，也难以及时地发现、纠正和报告刑事违法行为，从而增加了企业的刑事责任和受到刑事处罚的可能性。

第三，企业刑事合规内外氛围不浓厚。合规文化是法治文化的重要组成部分，既是法治文化建设的推动力量，又受到整体法治文化发展水平的制约。在改革开放初期，一些企业野蛮生长，先天地缺乏合规经营意识。随着我国法治进步，这种合规的知识不足和意识淡漠的问题越来越突出，不仅制约了我国经济的高质量发展，而且妨碍了企业的可持续发展。

为了依法保护企业和企业家合法权益，促进经济社会高质量发展，我国检察机关在2020年开始探索涉案企业合规改革。对于涉案企业合规建设经评估符合有效性标准的，人民检察院可以参考评估结论依法作出不批准逮捕、变更强制措施、不起诉的决定，提出从宽处罚的量刑建议，或者向有关主管机关提出从宽处罚、处分的检察意见。这一政策的出台说明，检察机关在做好指控证明犯罪的同时，积极参与社会治理，助力企业合规经营，保护企业合法权益，维护市场公平竞争，推动经济高质量发展。

本书是由中国政法大学企业合规检察研究基地组织编写，旨在为有志于打造企业刑事合规管理体系的企业提供指导和示例。本书围绕合规调查、风险应对措施和合规管理体系建设方案制订、企业刑事合规基本制度、企业刑事合规重点领域和专项合规制度展开，结合典型案例，对各部分的难点与可行性作了充分论证，给企业合规建设提供了可资参考借鉴的制度模板。其特点和优势主要有如下几点：

第一，以理论为基础，注重实务经验。本书不仅参考了国内外刑事法律和刑事合规的理论和实践，还结合了检察机关多年的刑事执法和监督的经验，提出了一套适合中国国情的企业刑事合规体系建设的方法和步骤。

第二，引用典型案例，重视判例作用。本书在刑事合规重点专项领域章节中，给出了相关的刑事案例，分析了企业在刑事合规方面的不足和待改进之处。

第三，适用范围广泛，制度模板丰富。本书涵盖了企业刑事合规的各个方面，包括反贪污贿赂、安全生产、环境污染、数据合规等重点领域，适用于各行各业的企业。本书的制度模板具有较强的适用性，企业可以根据自己的规模、性质、业务、风险等因素，进行适当的调整和完善，使之更加贴合自己的实际情况。

合规事业发展需要理论支撑和实践探索。本书是一部合规理论建设和合规实践探索的阶段性成果，值得推荐。

谢鹏程
山东大学讲席教授
最高人民检察院检察理论研究所原所长
2024年2月

序　二

2023年7月14日，中共中央、国务院发布的《关于促进民营经济发展壮大的意见》明确提出，强化民营经济发展法治保障需要“深化涉案企业合规改革，推动民营企业合规守法经营”，标志着涉案企业合规改革已经上升为党中央、国务院的重要部署，尤其是在刑事合规领域呈现公检法一体化推进改革的良好态势，刑事合规成为广大民营企业家、司法实务人员、刑事辩护律师、法学院校师生均高度关注的重要问题。

我国刑事法律对企业经营的要求高、执法严、责任重，《刑法》分则规定的146个单位犯罪罪名已经成为时刻悬在企业与企业家之上的“达摩克利斯之剑”，给诸多企业的长远发展带来了极大的挑战。据统计，2017年至2021年，全国检察机关共起诉单位犯罪1.4万件、单位及单位直接负责的主管人员和其他直接责任人员4.7万人。事实上，只要企业提前构建起较为完善的刑事合规体系并落实到位，即可以避免绝大多数日常生产经营中的刑事风险。“中国合规无罪抗辩第一案”——雀巢员工侵犯公民个人信息案，就已经明确向广大企业与企业家传达了“合规出罪”的强烈信号。

企业合规作为企业行稳致远的基石，可以实现企业“治理规范、有效制衡、合规经营”的理想目标。其中，刑事合规对于企业识别、评估、预防和控制经营管理活动中的刑事风险有着至关重要的作用。企业建立起行之有效的刑事合规体系后，不仅可以防止企业在日常生产经营活动中触碰刑法“红线”，也可以避免企业员工的个人犯罪行为牵连企业及企业家。

即使企业在事前并未建立起刑事合规体系或现有合规体系存在严重缺

陷而致企业涉罪，由最高人民检察院部署推进的涉案企业合规改革也为涉罪企业提供了合规整改从宽的刑事激励。随着检察机关在涉案企业合规改革过程中不断丰富合规激励的方式和范围，无论是中小微企业、大型企业，还是轻罪案件、重罪案件，抑或涉案企业、涉案企业家，都有机会享受改革红利。通过事后的合规整改，涉罪企业可以获得司法机关的宽大处理，包括侦查阶段的“合规不捕”、审查起诉阶段的“合规不诉”与审判阶段的“合规从宽”。截至2023年9月，全国检察机关已累计办理涉案企业合规案件7815件，对整改合规的2898家企业、6102人依法作出不起诉决定。

然而，无论是企业事前刑事合规的打造，还是事后刑事合规的整改，都需要企业作为第一主体全程参与、配合，司法力量自上而下引领、督促企业合规建设的同时离不开企业以内生力量主动实现事前防范、事中应对与事后补足。但是，当前我国企业普遍欠缺合规经验、合规能力不足、合规比例低。刑事合规计划、体系的设计又需要企业根据自身情况“量身定制”“有的放矢”“因事制宜”，力求务实、精准、管用，尤其应保证针对性和可操作性。

为此，本书提出“让每一家企业都能轻松建立自己的刑事合规体系”的理念，内容中涵盖了企业刑事合规风险调查、企业刑事合规体系建设方案、基本制度、专项制度与配套措施，企业刑事风险的识别、防控、处理以及企业刑事合规体系的测试与完善等企业刑事合规建设全流程，将“理论规范”、“法律实务”和“典型案例”相结合，构建细致入微的企业刑事合规体系建设指南。在汲取刑事合规最新理论成果与丰富实践经验的基础上，系统介绍企业刑事合规的相关研究、政策法规，剖析企业刑事合规体系建设的重点要点，呈现最高人民检察院涉案企业合规改革典型案例，并附上企业合规整改文件模板兹作参考，体现了以下三个方面的特色。

首先，本书有突出的针对性。从企业视角出发，系统梳理了企业刑事合规体系建设的流程与方法，在讲解刑事合规的基本理论的同时，力求将刑事合规全面融入企业管理，以期为每一家企业建立具有针对性、个性化和精细化的刑事合规体系提供参考与帮助。

其次，本书有高度的实操性。相比于纯粹的理论堆砌，本书选择尤其注重企业刑事合规全流程建设相关实务，并于每章结尾附上具体示例以供读者参考。本书将涉案企业合规改革与企业刑事合规建设紧密结合，反映了我国刑事合规的最新实践和变革发展的最新动向，引导读者关注企业内部治理与风险防范，解答企业刑事合规体系构建的实际疑难。

最后，本书有很强的可读性。考虑到本书的定位是帮助企业打造刑事合规体系的操作指南而并非刑事合规的理论集合，所以本书严格按照读者的认知规律和思维特点编写，不仅在理论知识、法律实务和典型案例的选取上易于读者阅读和理解，而且行文用语在准确严谨的同时也做到了深入浅出、通俗易懂。

刘艳红
中国政法大学刑事司法学院院长、教授
最高人民检察院（法大）企业合规检察研究基地主任
2024 年 2 月

序　三

合规，顾名思义，符合规定、遵守规则。在法律领域论及合规，主要是指遵守法律规定、避免涉法风险。这种符合、遵守应当是能动的，而不是被动的，不仅需要组织体自身去适法，而且需要组织体成员主动信守规则。根据《中央企业合规管理指引（试行）》《企业境外经营合规管理指引》《中央企业合规管理办法》等的规定，企业合规是指企业经营管理行为和员工履职行为符合国家法律法规、监管规定、行业准则和国际条约、规则，以及公司章程、相关规章制度等要求。

当前，在我国刑事司法领域如火如荼开展的是涉案企业合规，根据《关于建立涉案企业合规第三方监督评估机制的指导意见（试行）》及其实施细则、《涉案企业合规第三方监督评估机制专业人员选任管理办法（试行）》《涉案企业合规建设、评估和审查办法（试行）》、《最高人民检察院关于涉案企业合规改革中案件办理有关问题的会议纪要》等，涉案企业合规是指涉案企业针对与涉嫌犯罪有密切联系的合规风险，制订专项合规整改计划，完善企业治理结构，健全内部规章制度，形成有效合规管理体系的活动。然而，当下的涉案企业合规着重于事后的合规，与检察机关办案具有较强的关联性，涵盖不了为避免企业及其员工因相关业务活动被进行刑事归责所作的一切必要的日常刑事合规措施。本书基于普遍性与适用性的考虑，聚焦于企业刑事合规体系建设与犯罪预防运行机制的表达。企业必须坚守刑事法律规范的底线，以此为基准建立实现合规义务的组织，为预防、发现和制裁违法犯罪行为建立健全内部控制机制。

企业合规在当今时代的背景之下是大势所趋，无论是在国内还是将视野放置在国际市场，无论是政府还是各类国际组织，无论是在商事活动中还是在企业自身的管理上，对于合规的需求都不断地在增加。根据法律风险的等级，在所有类型的合规中，企业最需要关注的当属刑事合规。虽然刑事合规在严格意义上并不属于一个法律术语，但由于其能很好地将对一国相关规范的遵循与犯罪预防紧密联系在一起，为了更好地避免因单位犯罪造成的对企业的致命性负面影响，在企业管理中尤其需要关注刑事合规风险管理。

2021 年 3 月 11 日，第十三届全国人民代表大会在《国民经济和社会发展第十四个五年规划和 2035 年远景目标纲要》中提出要“引导企业加强合规管理”“推动企业守法合规经营”，从宏观政策层面肯定了合规管理在企业发展过程中的重要作用。与之相对应，随着涉案企业合规改革试点工作的开展，企业刑事合规迅速跨越“理念提倡”阶段，成为各大企业提升软实力的举措，其中累计发布的四批企业合规典型案例更是成为企业刑事合规体系构建的重要指引。中国式企业合规改革催生了以刑事合规为主题的一系列研究与实践，包括合规激励、合规不起诉、合规计划、合规管理、合规整改、合规有效性标准、合规文化等方面。从领域研究的生命周期来看，企业合规瞬时间迈入“半成熟期”，研究重心从大而全的“全面合规”逐渐转向小而精的“专项合规”，并更多地呈现出专业性与实操性。当前，关于反腐败、反舞弊、反垄断、反洗钱、数据保护、出口管制等方面的专项合规研究业已不断涌现。

本书严格根据最新的法律法规与规范性文件，对企业刑事合规作了详尽的介绍，并配有容易模仿的范例，便于广大企业减少合规成本，提升合规质效，迅速建立合规规章制度。本书则由总至分，由程序至实体，由事前至事后，以规范结合实例的方式阐释了企业刑事合规风险调查、合规体系建设方案、合规管理基本制度、合规体系配套规定、专项合规管理制度、刑事风险识别防控及涉案处理流程、合规体系的测量与完善、合规整改文件模板等方面的内容，在专项合规方面涵盖了重点岗位用工合规、商业伙伴合规、捐赠与赞助合规、纪念品与接待合规、环境合规、安全生产合规、数据合规、财税合规等细分领域合规。当然，本书在试图提供企业刑事合规一本通式精准指导的同时，也难免会忽视一些专项合规领域，无法实现面面俱到。我们的研究团队将不断学习与积累，以期在企业刑事合规领域开展更为全面、细致、深刻的研究。

印　波
中国政法大学刑事司法学院教授
最高人民检察院（法大）企业合规检察研究基地副主任
2024 年 2 月

序　四

作为一名法律从业者，持续提升自己的专业服务能力，做经济社会高质量发展的推动者，是一项任务，更是一种使命。做经济社会高质量发展的推动者需要守正创新，不断适应经济发展的新变化、新要求，守正是本，创新是魂。

近年来，国家陆续出台了一系列企业合规方面的法律法规及政策文件，为企业合规管理提供指导和借鉴。2023 年 12 月新修订的《公司法》第 177 条规定了“国家出资公司应当依法建立健全内部监督管理和风险控制制度，加强内部合规管理”。此外，对我国民营企业具有重大影响的《刑法修正案（十二）》也将于 2024 年 3 月 1 日施行，这意味着我国民营企业董、监、高岗位人群未来面临的刑事风险将会陡然升高，民营企业的合规管理即将进入一个新的时代。

之所以选择深耕企业刑事合规管理专项领域，我想有以下几个原因：一是当前我国企业面对的最大风险就是刑事风险，这关乎企业的存续，尤其是民营企业；二是企业刑事风险是以刑事法律法规为依据，具有有限性和特定性（相对于企业全面合规），为企业合规管理体系的运行提供了内容和范围，就像人的血管因为有血才能看到流动；三是我国存在大量的中小民营企业，这类企业普遍规模较小、资金不足，全面合规面临着实际困难，在特定的发展阶段优先对企业的刑事风险进行专项合规管理符合其实际情况；四是企业刑事合规专项管理对企业行政合规也有兼顾，尤其体现在刑事风险的识别与防控方面，因为个别的行政处罚第二次就可能构成刑事犯罪；五是企业合规管理体系不是一蹴而就，尤其是企业合规文化需要日积月累，事情的轻重缓急要求企业应优先管控刑事风险。随着企业的逐渐发展，进而实行全面的合规管理。

2023 年出版的《企业刑事合规指南——制度建设、风险识别和风险防范》一书，是我对如何做好企业刑事合规专项法律服务的初步思路的总结。但随着认知的不断深入和提高，让任意一家企业都能够自行创建本企业的合规管理体系成为我接下来要实现的目标。我深知，一家企业在经营过程中应当遵循的法律法规十分庞杂，需要科学的管理方法和专业的法律技能才能有效甄别，正确遵守。没有特定内容的企业合规管理体系是极其抽象的、静止的、无法让企业普遍使用的。而赋予企业合规管理体系标准特定的、具体的内容，使其生动化、模板化和简单化，让任何一家企业都能够借鉴使用，是上述法律法规转化为企业合规管理的必要条件，是对上述法律法规的正确应用，是法律实务的总结和创新，意义重大，也是编写本书的终极目标。

本书严格依据《涉案企业合规建设、评估和审查办法（试行）》，参照《合规管理体系 要求及使用指南》《企业境外经营合规管理指引》《中央企业合规管理办法》等文件、国家标准编写完成，充分结合理论探讨与实务总结，内容涵盖企业刑事合规体系建设、刑事合规专项管理制度、典型案例、企业合规整改文件模板等内容，力求为企业在刑事合规管理方面提供实际有效的帮助。

选择在企业刑事合规领域深耕，是影响我职业生涯的重大决定，尽管充满坎坷和困难，但我依然义无反顾！因为，它使我往后的职业道路变得更加有意义，让我的人生变得更加绚丽、灿烂和值得回味！因本人能力有限，书中所写不到之处，敬请各位同行和专家批评指正。

代现峰
北京市盈科律师事务所刑事合规研究中心执行主任
最高人民检察院（法大）企业合规检察研究基地研究员（兼）
2024 年 2 月

目　　录

CATALOG

第一章 企业刑事合规风险调查

企业刑事合规风险调查，是企业刑事合规体系的重要组成部分，也是合规尽职调查的基本方法和必备工具，对于识别风险点位、应对企业危机并完善企业内部缺陷具有积极意义。本章所讨论的企业刑事合规风险调查，主要是指对目标企业及其全体员工的履职行为、经营管理行为是否符合法律法规、政府监管规定、行业准则、企业内部章程、规章制度等标准而进行专项调查，以识别目标企业及其全体员工是否存在不合规行为，以及若存在不合规行为可能引发的法律责任、处罚、经济或声誉损失及其他负面影响的风险。

一、企业刑事合规风险的概念和特征

企业刑事合规风险是指企业及其员工在经营管理活动中可能触犯刑事法律规范，从而导致企业和相关责任人承担刑事责任的风险。企业刑事合规风险的特征有以下几点：第一，企业刑事合规风险具有隐蔽性和突发性，往往在企业不知情或不注意的情况下发生，一旦暴露，可能造成严重的法律后果和社会影响。第二，企业刑事合规风险具有多样性和复杂性，涉及企业经营的各个方面和层面，如财务管理、人事用工、交易管理、安全生产、产品质量、环境保护、信息安全等，可能涉及多个刑事罪名和多个责任主体。第三，企业刑事合规风险具有连带性和累积性，企业的行为可能影响到相关责任人的刑事责任；反之亦然，个人的行为也可能牵连到企业的刑事责任，甚至可能引发连锁反应，导致更多的刑事风险。第四，企业刑事合规风险具有可预防性和可控制性，企业可以通过建立和完善刑事合规管理体系，制定和实施刑事合规计划和措施，以刑事法律的标准来识别、评估和预防刑事风险，从而避免或减轻刑事责任。

二、企业刑事合规风险的分类和评估

根据不同的表现形式，企业刑事合规风险可以分为以下三类：第一类，责任追究风险，指企业及其人员因涉嫌犯罪而受到刑事调查、侦查，以及相关强制措施对企业经营活动的影响。例如，企业人员被拘留、逮捕，企业资产、文件、账户被查封、扣押、冻结等。第二类，责任承担风险，指企业及其人员因犯罪而被定罪判刑，以及刑罚对企业经营活动的影响。例如，企业被判处罚金，企业管理者被判处有期徒刑、剥夺政治权利等。第三类，责任影响风险，指企业及其人员因犯罪而遭受的其他消极影响，包括声誉损失、资格剥夺，以及违约、退赔等后果。例如，企业因涉嫌犯罪而被媒体曝光，企业因犯罪而被吊销营业执照，企业因犯罪而被合作方解除合同，企业因犯罪而被要求赔偿被害方损失等。

企业刑事合规风险的评估是指对企业在经营管理过程中可能触犯《刑法》的行为，以及其可能造成的法律后果进行分析和预测的过程。企业刑事合规风险的评估可以参考以下几个步骤：第一步，识别风险，指确定企业在经营管理过程中可能涉及的刑事法律规定，以及可能发生的违法犯罪行为。例如，企业在税务、环保、安全生产、商业贿赂、知识产权等领域可能触犯的刑法规定，以及可能构成的虚开发票、污染环境、重大责任事故、行贿、侵犯知识产权等犯罪行为。第二步，分析风险，指对已识别的风险进行定性和定量的分析，以确定风险的发生可能性、影响程度、潜在后果、发生原因等。例如，根据企业的规模、行业、地域、业务模式、管理制度等因素，评估企业在某一领域或环节发生某一犯罪行为的概率，以及该犯罪行为可能导致的法律责任、经济损失、声誉损害等影响。第三步，处置风险，指根据风险的分析结果，制定并实施相应的风险应对措施，以降低或消除风险的发生或影响。例如，根据企业的风险承受能力，选择风险规避、风险转移、风险控制或风险接受等策略，采取完善内部规章制度、加强员工培训、建立监督机制、购买保险、与合作方签订协议等措施，以减少或避免企业发生违法犯罪行为，或者减轻或消除违法犯罪行为的后果。

三、企业刑事合规风险调查的目的和意义

企业刑事合规风险调查的目的是对企业在经营管理过程中可能触犯《刑法》的行为，以及其可能造成的法律后果进行分析和预测。企业刑事合规风险调查的目的和意义在于，首先，有助于企业及时发现和纠正自身的不合规行为，避免或减少因违法犯罪而受到的刑事责任追究，保护企业的合法权益和声誉。其次，有助于企业建立和完善内部的合规管理制度，提高企业的合规意识和水平，规范企业的经营行为，增强企业的社会责任和公信力。再次，有助于企业在涉嫌刑事犯罪的情况下，及时采取有效的应对措施，如主动配合司法机关的调查、侦查，积极整改落实合规承诺，争取从宽处理或者免予刑事处罚。最后，有助于企业在刑事合规方面与司法机关、第三方机构、合作伙伴等建立良好的沟通和协作关系，促进企业的合规文化建设，提升企业的竞争力和发展潜力。

四、企业刑事合规风险调查方法

企业刑事合规风险调查涉及多种方法，其中最为常用的调查方法为书面调查与现场调查。书面调查依靠根据企业自身情况设计的风险调查清单开展，风险调查清单应当考虑企业的规模、行业、地域、业务模式、管理制度等客观因素，制定适用于特定目标企业的风险调查清单。现场调查是企业

刑事合规风险调查的重要方法之一，主要目的是通过实地考察、观察、询问等方式，获取与调查主题相关的第一手证据，核实企业的经营状况、管理制度、合规文化等方面是否存在刑事法律风险。

现场调查的步骤一般包括以下几个方面。

第一步，制订现场调查计划。根据调查目的、范围、对象、时间等因素，制定详细的现场调查计划，明确调查的目标、方法、步骤、责任分工、注意事项等。

第二步，准备现场调查工具。根据调查计划，准备必要的现场调查工具，包括调查问卷、录音录像设备、拍照设备、检测仪器、采样工具等。

第三步，实施现场调查。根据调查计划，按照预定的时间、地点、对象进行现场调查，采用观察、询问、检测、采样等方法，收集与调查主题相关的证据材料，记录调查过程和结果，注意保护证据的完整性和真实性。

第四步，撰写现场调查报告。根据现场调查的过程和结果，撰写现场调查报告，记录调查的目的、方法、步骤、发现、结论、建议等，为企业的刑事合规风险评估和处置提供依据。

在进行企业刑事合规风险调查时，所涉及的调查事项繁多复杂，尤其需要注意以下几个方面：第一，刑事合规风险的类型和来源。企业可能面临的刑事风险包括共性风险和个性风险，共性风险是所有企业都可能遇到的，如商业贿赂、合同诈骗、数据泄露等；个性风险是根据企业所处的特定行业和经营模式而存在的，如金融、医药、互联网等行业的特殊法律规定。第二，刑事合规风险的识别和评估方法。企业可以通过制定合规风险识别清单，区分各业务流程的可控、可能存在的风险点，并与合规管理制度建立相应的关联。同时，企业可以通过运营文件的梳理与调查、大数据检索、案例分析等方法，发现并分析企业运营过程中的风险要素。第三，刑事合规风险的处置和防控措施。企业应当根据风险的性质和程度，制定有效的处置方案，包括风险的消除、转移、分散、承担等。同时，企业应当建立或完善刑事合规制度，包括合规组织体系、合规管理制度、合规监督机制、合规培训机制等，以实现刑事风险的预防和控制。

随着企业刑事合规风险调查的深入，企业生产经营过程中的问题也随之显露出来，例如，如何区分正常的商业往来和商业贿赂行为、如何处理企业内部员工的违法犯罪行为、如何制定涉案企业刑事合规承诺书和整改方案等。如何解决以上问题？企业刑事合规风险调查结果对解决以上问题有何帮助？本书后文将对此类问题详细分析，提出相应的建议和对策，此处不加以赘述。

示例一

×××公司刑事合规风险调查表

<table>
<tr><td colspan="4">提示：为了主动发现公司经营管理中潜在的刑事法律风险，采取积极防范措施，做到事前预防，事中控制的良性循环，保障公司可持续稳步的经营、发展，请如实填写调查表。</td></tr>
<tr><td>公司名称</td><td colspan="3"></td></tr>
<tr><td>所属行业</td><td></td><td>单位规模</td><td>[　]人</td></tr>
<tr><td>高管数量</td><td></td><td>职责承诺书</td><td>有☐　无☐</td></tr>
<tr><td>中层干部数量</td><td></td><td>职责承诺书</td><td>有☐　无☐</td></tr>
<tr><td>经营范围
（是否属于国家专营、专卖、限制买卖行业）</td><td>是☐</td><td colspan="2">是☐　否☐ 法律、行政法规规定的专营行业
是☐　否☐ 法律、行政法规规定的专卖行业
是☐　否☐ 法律、行政法规规定的其他限制买卖行业</td></tr>
<tr><td></td><td>否☐</td><td></td><td></td></tr>
<tr><td>部门构成</td><td colspan="3">技术部☐　研发部☐　采购部☐　生产部☐　销售部☐
财务部☐　人力部☐　法务部☐　合规部☐　其他部门：</td></tr>
<tr><td>生产经营场所地址
（如有多个请据实填写）</td><td colspan="3"></td></tr>
</table>

续表

业务流程	
企业风险清单	有□ 无□
重点岗位用工合规管理	1. 是否制定重点岗位员工合规手册 是□ 否□ 2. 重点岗位员工合规手册内容是否包含禁止员工经营同类营业行为、禁止为亲友非法牟利行为、禁止接受商业贿赂等行为及相应责任的协议或条款 是□ 否□ 3. 重点岗位员工合规手册是否由法律专业人士制定或审阅 是□ 否□ 4. 员工招聘、入职、离职工作是否统一由人力资源部门统一进行 是□ 否□ 5. 是否对拟录用重点岗位员工进行背景调查 是□ 否□ 6. 是否与员工签订书面劳动合同 是□ 否□ 7. 是否依照劳动合同约定和公司规章制度及时、足额向员工支付基本工资及各项补贴 是□ 否□ 8. 是否与重点岗位员工签订保密协议或条款 是□ 否□ 9. 是否与重点岗位员工签订竞业限制协议或条款 是□ 否□
商业伙伴合规管理	1. 是否对商业伙伴的主体资格、资质、履约能力进行尽职调查 是□ 否□ 2. 是否将对商业伙伴的合规经营情况审查纳入合同管理流程中 是□ 否□ 3. 是否对商业伙伴的履约情况及异常情形进行动态监测 是□ 否□ 4. 是否建立商业伙伴合规风险应对处置机制 是□ 否□ 5. 是否建立商业伙伴综合评估机制 是□ 否□
捐赠与赞助合规管理	1. 是否设立赞助和捐赠管理部门或配备责任人员 是□ 否□ 2. 是否对捐赠及赞助接受方及涉及的所有中间代理机构进行背景调查 是□ 否□ 3. 是否设置规范的赞助和捐赠审批及管理流程 是□ 否□ 4. 是否定期对捐赠或赞助活动进行监督检查 是□ 否□
纪念品与接待合规管理	1. 是否设立纪念品与接待管理部门或配备责任人员 是□ 否□ 2. 是否对纪念品与接待接受方和涉及的所有中间代理机构进行背景调查 是□ 否□ 3. 是否设置规范的纪念品与接待审批及管理流程 是□ 否□ 4. 是否定期对纪念品与接待活动进行监督检查 是□ 否□

续表

环境保护合规管理	1. 是否有建设项目环境影响评价管理规定　有□　无□ 2. 是否有建设项目“三同时”管理规定　有□　无□ 3. 是否有排污许可证规定　有□　无□ 4. 是否有污染物排放标准和许可排放浓度规定　有□　无□ 5. 是否有污染防治设施运行规定　有□　无□ 6. 是否有环境监测管理规定　有□　无□ 7. 是否有向水体排放污染物的规定　有□　无□ 8. 是否有排污口设置规定　有□　无□ 9. 是否有大气污染物排放规定　有□　无□ 10. 是否有固体废物管理规定　有□　无□ 11. 是否有环境噪声污染防治管理规定　有□　无□ 12. 是否有危险废物及其许可证管理规定　有□　无□
生产安全合规管理	1. 是否建立生产安全综合管理规章制度　是□　否□ 2. 是否建立人员安全管理细则　是□　否□ 3. 是否建立设备设施安全管理细则　是□　否□ 4. 是否建立环境安全管理细则　是□　否□
数据安全合规管理	1. 是否对数据分级分类管理　是□　否□ 2. 是否设置数据安全保护措施　是□　否□ 3. 是否发生过数据泄露、数据丢失　是□　否□ 4. 数据安全管理规定　有□　无□
财务安全合规管理	1. 是否严格按照国家相关规定装订、保管会计资料并遵守会计资料的保管期限要求　是□　否□ 2. 接受有权部门调查时是否如实、完整提供所需资料　是□　否□ 3. 是否在交易前对交易对手的经营资质、规模等作必要的调查，如交易对手是否有开票资质，代开发票的机构是否有税务机关授权等　是□　否□ 4. 在交易过程中是否保留交易的凭证，如货款的支付凭证、购销的票据及合同、货物的物流凭证、仓储凭证等　是□　否□ 5. 是否建立对财务管理人员的定期或不定期培训机制　是□　否□
…………	

第二章 企业刑事合规体系建设方案

一、企业刑事合规体系建设的法律依据

企业刑事合规体系的目的是以刑事法律的标准来识别、防范企业在经营管理活动中可能出现或者已经出现的法律风险，避免企业及其高级管理人员因触犯刑事法律而承担相应的法律责任。因此，建设企业刑事合规管理体系乃至企业刑事合规的全过程均应当严格遵守相关法律法规、国标等文件的要求。

2022年10月12日，《合规管理体系　要求及使用指南》(GB/T 35770—2022)发布并实施。这部国家标准适用于所有类型的组织，不论其类型、规模、性质，也不论其是公共的、私营的或非营利性的，规定了组织建立、开发、实施、评价、维护和改进有效的合规管理体系的要求，并提供了相应的指南。《合规管理体系　要求及使用指南》的国标地位决定了该标准是企业刑事合规体系建设应当遵循的首要标准。

2022年10月1日，《中央企业合规管理办法》正式实施，该办法由国务院国有资产监督管理委员会根据《公司法》《企业国有资产法》等有关法律法规制定，旨在深入贯彻习近平法治思想，落实全面依法治国战略部署，深化法治央企建设，推动中央企业加强合规管理，切实防控风险，有力保障深化改革与高质量发展。该办法明确了企业党委(党组)、董事会、经理层、首席合规官等主体的合规管理职责，进一步明确了业务及职能部门、合规管理部门和监督部门合规管理“三道防线”职责。同时，该办法要求中央企业结

合实际，制定合规管理基本制度、具体制度或专项指南，构建分级分类的合规管理制度体系，强化对制度执行情况的检查。此外，该办法还对合规风险识别评估预警、合规审查、风险应对、问题整改、责任追究等提出明确要求，实现合规风险闭环管理。同时，该办法积极倡导培育合规文化，并鼓励中央企业运用大数据、人工智能等现代科技手段，实现合规风险即时预警、快速处置，切实提高了管理效能。《中央企业合规管理办法》的适用对象是央企，但是该部管理办法中提及的制度设置、分级分类的机构设置、风险识别评估预警机制、培育合规文化等核心问题，十分值得民营企业借鉴参考，对于企业刑事合规体系建设具有重要作用。

此外，最高人民检察院、司法部、财政部等九部委于 2022 年 4 月 19 日联合印发的《涉案企业合规建设、评估和审查办法（试行）》；中国企业评价协会于 2022 年 10 月 12 日推行的《企业合规管理体系有效性评价指引》；发展改革委、外交部、商务部、人民银行、国资委、外汇局、全国工商联共同制定的《企业境外经营合规管理指引》等规范，均是企业刑事合规体系建设过程中应当遵循、参考的重要文件。

二、企业刑事合规管理体系化建设

企业刑事合规体系的建设应当以实现公司有效治理，建立一套保障公司合法合规经营的管理体系为目的。着眼于形成治理效能、避免合规风险、获得合规奖励的战略高度，开展有效刑事合规体系建设需要在考虑企业类型、业务领域、企业规模、发展阶段等因素的基础上，形成合规风险防范、监控、应对三个机制。[1]

---

〔1〕 参见最高人民检察院涉案企业合规研究指导组编：《涉案企业合规办案手册》，中国检察出版 2022 年版，第 56 页。

(一)企业刑事合规风险防范体系建设

以中小企业为例，中小企业自身防范和抵御风险能力较差，各类经营、管理隐患一旦暴露，需要企业投入大量的人力、物力去补救，对一些严重的经济损失和声誉损害，往往让企业经营陷入更困难的境地，因此，在当前法治环境下，建立符合企业自身实际需要的风险防范体系既符合时代要求，又顺应企业发展需要。不管是大型企业还是中小微企业，开展合规建设都应建立有效的合规防范体系，包括风险识别、评估和报告三个机制。

风险识别和评估最初多应用于审计领域，也有学者将审计作为合规风险防范的一种手段，归根结底是要发现企业内部存在和隐藏的各类风险和隐患。企业在经营管理过程中可能会出现各种内部、外部风险、经营风险、管理风险、人员风险、制度风险，[1]如不加防范和干预，一些轻微的风险很有可能迅速扩大，最终给企业带来沉重打击。为了建设有效的风险防范体系，需要企业设置专职的合规风险管理部门或合规官，必要时可以聘请合规律师或第三方专业机构参与，统一对企业经营管理中的各类风险进行识别、评估、报告。

企业合规风险防范需要有相应的制度、组织和人员保障，在明确职责权限的基础上，制定日常风险监测、风险评估机制，明确专人专岗开展日常评估、定期评估、专项评估等，根据评估结果制定评估报告，发现风险、漏洞，安排相应岗位人员采取风险应对措施，采取预防性或补救措施，避免损失扩大。

(二)企业刑事合规监控体系建设

刑事合规监控体系建设包括内部控制监督、内部控制评价。有效的监督是企业刑事合规体系建设中的“报警器”，将企业、内部员工、部门、第三

---

〔1〕 参见张志华、王灿林主编:《企业合规建设全指引》，中国检察出版社2021年版，第41页。

方纳入监督范围，通过日常监督、定期检查，实地考察、调查问卷、现场访谈等方式对企业业务范围、项目管理、经营模式、管理制度等领域进行专项评估或全面评估，对所有人员、资料、事务进行评价和监督。建立有效的刑事合规监控体系，对于企业来说是一项重大和复杂的工程。建立高效的合规监控体系，在加强资源配置、内部制度完善的同时，还需要加强企业内部信息化建设，如日常审批、事务管理进行网上办公，利用安全高效的呈报审批系统进行业务流程运行，在明确各流程和节点中各岗位的职责、权限的前提下，开展生产、经营活动的记录、反馈，出现合规事件和突发情况，根据记录现实情况开展调查，对于不履行职责、超出权限、滥用职权的违规行为依据公司职能权限划分规则和管理制度责任追究到岗、责任到人。

（三）刑事合规应对体系建设

企业作为一个风险体，针对企业运营管理过程中可能出现的各类管理风险、业务风险等，应建立一套有效的合规风险应对体系。提升企业风险应对能力，建立风险应对体系是化解企业刑事合规风险的关键一环。在明确部门、岗位职责权限的基础上，企业需要针对企业高发和常见风险进行风险预估，制订针对性的方案。

三、企业刑事合规组织建设与职能

合规管理组织机构，是为实现企业刑事合规风险防控而设立的职能机构。合规管理机构一般包括企业合规委员会、合规负责人和合规管理部门，是企业合规管理体系建设的重要组成部分，负责企业合规制度制定、合规计划设计、执行的职责，帮助企业识别、评估、应对各项风险、漏洞，是企业合规建设的重要参与者。企业合规组织体系的架构、组织职能不是一成不变的，企业可以根据自身人力资源配置和发展实际设置、调整。大型企业规模庞大，业务范围广，往往结合实际在董事会之下设立合规委员会。规模较小或者发展初期的企业，可以不设置合规委员会，可以设置专职的合规官，由企业负责人作出相关的决策意见。[1]

第一，企业可根据实际设置专职合规管理部门，或者由具有合规管理职能的部门担任合规管理职责。对于中型企业，其规模和组织结构相对简单，可以设立专门的合规部门，或者由相关法律部门、风控部门担任合规管理职责，同时明确合规责任人。对于一些组织结构简单，业务结构和合规风险单一的小型企业，可以指定企业法务部门、风控部门、审计部门单独或者合作承担合规职能，也可以单独设置合规官一职，由具有法律等专门知识的人员担任。企业可以在外部聘请合规法律顾问，长期参与企业合规建设。第二，合规负责人。合规负责人是企业高级管理人员，由公司总法律顾问或法务总监担任，负责企业日常合规管理工作的具体贯彻与实施，协调与各业务之间的关系，领导合规管理部门，全面履行合规管理职责。中小企业可以在成立合规组织的基础上，由董事、监事、合规负责人担任合规组织领导，担任公司合规管理最高负责机构。第三，合规专员。一般的中型企业可以在合规部门和各分支部门设置专门的合规专员，负责某一项或多项合规事务，小型企业可以由合规官负责管理日常合规事务，或者聘请合规律师参与企业合规事务处理。

无论是设置专门的合规部门，还是设定专门的合规岗位，都要发挥合规管理的作用，帮助企业发现制度漏洞，消除合规风险。合规管理组织履行多项合规职责，包括关注企业业务所涉及的国内外法律法规、行业监管要求、国际规则的内容及最新变化，建立企业合规规则目录，必要时根据相关规则内化为企业规章制度；建立、完善企业合规管理制度和企业合规计划，做好与各职能部门、业务部门的工作协调，发挥合规对于企业业务开展的积极作用；通过培训、宣传、开展各类合规活动等方式防范企业各类合规风险，建立合规举报、投诉、奖惩机制；加强对企业各类合规风险调查、识

---

〔1〕 参见张志华、王灿林主编:《企业合规建设全指引》,中国检察出版社 2021 年版,第 41 页。

别、评估、监控，制定合规记录、形成合规资料，进行合规报告；另外，企业合规组织还要承担企业合规文化塑造职责，根据企业发展实际和需要，制订合规文化培育计划，通过各种活动和形式，将合规文化塑造融入企业规章制度，体现在生产运营中，让合规文化塑造与企业发展同步，助力企业长效发展。

四、企业刑事合规的管理层责任

企业刑事合规体系的建立，需要企业的管理层充分发挥表率作用。领导层的合规意识是企业践行和遵守合规的关键。企业刑事合规管理对于企业来说，不仅是企业日常经营管理的需要，在维护企业存续、保障管理层合法行使职权、维护自身安全方面也发挥着重要作用。对于中小企业来说，其内部领导层如法定代表人、实际控制人、高级管理人员对于合规的态度和合规的行为更能引导和带动员工遵守企业规章制度。我国刑法虽然没有引入严格责任的规则原则，实践中司法机关往往践行“主观意志原则”，即企业对于企业的子公司、员工，尤其是高级管理人员实施的违法行为采取积极接受或消极不作为的态度，则需要承担相应的单位犯罪责任。非系统性单位犯罪中，企业管理者授权或授意员工或第三方实施违法犯罪行为，该管理者的指令行为被视为单位意志，单位依法承担该行为造成的不利法律责任。中小企业的组织架构简单，企业法定代表人、企业直接管理人员往往掌握着企业最高管理权限，高层领导权力行使往往缺少有效的监督和制约，其行为往往产生直接代表单位的法律后果，企业因此容易因管理人员的不当行为承担单位犯罪刑事责任。例如，企业董事和高级管理人员在没有经过企业集体决策，或仅有企业负责人授意的情况下，为了企业的利益，实施了指令将企业超标污水直接排放的行为、虚开增值税专用发票等行为，企业对此行为采取纵容、接受，或者未采取积极的处理行动消除影响，将被司法机关认定单位犯罪。此外，对于中小企业来说，其经营权与管理权存在高度统一性，法定代表人、主要负责人对于企业事务有着最高的决策权，他们的经营理念和管理方式往往决定企业经营理念和发展方向，并极大程度影响着广大员工的行为和意识，在企业内部产生强烈的影响力。因此，中小企业进行有效的合规整改和合规建设需要企业负责人、中层以上的管理人员充分树立合规经营、合规管理的意识，作出合规的承诺，表明将合规作为其职权行使的有效依据。对此，可以采取明确管理层合规职责、要求其签署合规承诺书的方式，增加管理人员在企业日常事务中践行合规的压力和合规责任意识。中小企业领导层不仅要作出合规承诺，提升合规意识，还要将企业合规文化作为一项工作重点，通过制度、活动传达合规理念，在企业内部，培育合规理念，发展合规文化。

五、企业刑事合规资源配置

企业刑事合规建设要求企业必须提供必要的资源支撑以保障合规建设的顺利推进。企业实现合规经营管理，有力的合规支持体系是保障，包括但不限于领导层对于合规活动的支持，合规管理组织和人员的配备、合规管理权的独立有效运行，合规资金和物质的支持与保障等。企业合规建设需要完备的制度保障，同时还需要人力和物质支持。企业日常运营管理需要将一部分人力、物力资源运用到企业合规建设支持工作中，以支持企业面临的各类风险防范与应对活动。企业被指控涉嫌刑事犯罪后，更应该迅速调动企业自身资源发现和填补制度漏洞，组建合规整改组织，支持合规整改活动的运行，通过有效的合规自救保障企业存续，化解企业当前面临的刑事指控风险。企业应根据合规整改建设需要，制定合规专项预算，留存专项资金，为企业合规建设和维护提供必要的人力和资金保障，保证专款专用、专人负责，避免因资金短缺导致的合规中断，影响合规进程和合规效果。整合、集中企业人力资源，有条件的企业建立合规事务管理委员会或合规管理小组，或任命合规负责人，负责统筹协调人员和资金等资源的分配与利用。

六、企业刑事合规管理制度建设

合规制度建设是企业刑事合规管理体系建设的必备要素之一，往往涉及企业经营管理的各个方面，一般包括组织权限制度、生产运营管理制度、员工行为规范制度、业务流程制度等，对于一个规范化管理的现代企业来说，以上这些制度是企业运营管理中必备的制度规则。当企业涉案时，则应当根据企业所涉犯罪及相关合规风险领域，针对企业当前某一个或某几个方面的制度漏洞和风险，制定和完善相应的制度。涉案企业一般通用企业合规管理制度包括合规管理制度、合规咨询制度、合规咨询制度、合规举报制度、合规文化宣传培训制度、合规管理组织议事规则、合规岗位职责分工制度。[1]涉案企业在制定合规制度时，可以将以上各个流程的制度与专项合规计划相结合制定相应的规章制度，如涉嫌职务犯罪的企业，可以制定相应的职责权限规范制度，将权限管理、咨询、举报、合规文化宣传培训融入该规则体系，形成一套完整的组织权限管理制度。

示例二

企业刑事合规管理体系建设方案

词语定义：

除非上下文另有要求或文义另作说明，为本方案之目的，下列词语或简称在本方案中的含义如下：

（一）本公司：指 ××× 公司全系统的统称；

〔1〕 参见最高人民检察院涉案企业合规研究指导组编：《涉案企业合规指导手册》，中国检察出版社 2022 年版，第 364~385 页。

（二）员工：指本公司全体员工；

（三）刑事合规工作机构：指本公司设置的刑事合规管理牵头部门或合规官，负责组织开展本公司的刑事合规管理工作；

（四）刑事合规工作人员：指本公司刑事合规岗位工作人员，包括刑事合规工作机构和其他工作机构负责刑事合规管理事务的专兼职刑事合规工作人员；

（五）职能部门：指本公司各职能部门（包括生产部、销售部、财务部等各部门）；

（六）本方案：指《××× 公司刑事合规管理体系建设方案》。

第一节　总　　则

第一条　本公司刑事合规管理体系包括刑事合规管理组织体系、刑事合规管理制度体系、刑事合规风险管控机制和刑事合规管理保障机制。

第二条　本公司应当建立与自身经营项目、组织架构、业务规模、行业特征相适应的刑事合规管理体系。

第二节　刑事合规管理组织体系

第三条　本公司刑事合规管理组织体系是指本公司从治理层、管理层到执行层关于开展刑事合规管理工作的责任主体及其职责安排，包括刑事合规管理的决策负责人、刑事合规工作负责人、刑事合规工作机构、监督负责人的设置及其刑事合规管理职责，本公司职能部门和业务部门的刑事合规管理职责以及人力资源、审计、财务、投资、综合管理、风险控制等相关部门的刑事合规管理职责及工作协同和衔接。

第四条　刑事合规管理决策负责人：

本公司执行董事是公司的刑事合规管理工作的决策负责人。

本公司执行董事的主要职责：

（一）审议批准刑事合规管理基本制度、体系建设方案和年度报告等。

（二）研究决定刑事合规管理重大事项。

（三）推动完善刑事合规管理体系并对其有效性进行评价。

（四）决定刑事合规管理部门设置及职责。

第五条　刑事合规工作负责人：

本公司合规官是公司的刑事合规工作负责人，公司高级管理人员可以兼任本公司的刑事合规负责人。刑事合规工作负责人应当对企业主要负责人负责，领导刑事合规管理部门组织开展相关工作，加强刑事合规管理。

刑事合规工作负责人应当根据本公司管理架构和任免流程，按照刑事合规管理工作独立性原则任命本公司刑事合规工作负责人，逐级上报备案。

第六条　刑事合规工作机构：

本公司刑事合规工作机构为公司的合规部，刑事合规工作机构负责贯彻执行本公司有关刑事合规管理体系建设的总体要求，接受本公司刑事合规工作机构的业务管理和指导。

刑事合规工作机构的主要职责：

（一）建立健全本部门业务合规管理制度和流程，开展合规风险识别评估，编制风险清单和应对预案。

（二）定期梳理重点岗位合规风险，将合规要求纳入岗位职责。

（三）负责本部门经营管理行为的合规审查。

（四）及时报告合规风险，组织或者配合开展应对处置。

（五）组织或者配合开展违规问题调查和整改。

第七条　刑事合规管理监督负责人：

本公司监事是公司刑事合规管理工作的监督负责人，负责对刑事合规要求落实情况进行监督，对违规行为进行调查，按照规定开展责任追究。

第八条 其他部门刑事合规管理职责:

本公司各职能部门应依规行使刑事合规管理职责,并设立刑事合规工作对接人员。

本公司各业务部门负责本业务领域的日常刑事合规管理工作。

本公司人力资源、审计、财务、投资、综合管理、风险控制等相关部门,在各自职责范围内履行相应刑事合规管理职责,并加强工作协同和衔接,确保刑事合规管理体系有效运行。

第三节 刑事合规管理制度体系

第九条 刑事合规管理制度体系是指本公司建立的、由不同层次和不同形式的管理制度文件组成的企业刑事合规管理活动的制度性、规范化安排。主要由以下部分组成:

(一)企业章程及有关经营管理的各项规章制度和流程;

(二)刑事合规管理基本制度及流程、刑事合规手册及刑事合规管理专项指引;

(三)刑事合规管理重点领域的专项刑事合规管理制度和流程;

(四)根据本公司实际情况为完善刑事合规管理制度体系制定的其他制度和流程。

公司应当根据所在国家或地区的法律规定、监管要求和当地的文化习惯以及本公司关于刑事合规管理制度体系建设的要求,建设规范有效、切合本公司实际的刑事合规管理制度体系。

第十条 本公司应当根据内外部情况变化和刑事合规管理制度的执行情况,持续优化刑事合规管理制度体系的建设,包括及时将外部有关刑事合规要求转化为内部规章制度。

第四节 刑事合规风险管控机制

第十一条 刑事合规风险管控机制是指对刑事合规风险进

行识别、预防、应对和管控，以及对刑事合规管理的相关责任主体追究责任的制度。本公司应当将外部环境变化和自身实际结合起来，在建设刑事合规管理体系、全面推进刑事合规管理的基础上，建立有效运行的刑事合规风险管控机制，突出重点领域、重点环节和重点人员的刑事合规风险管控，切实防范重大合规风险。

刑事合规风险管控机制通常包括以下几方面：

（一）重点领域、重点环节和重点人员的刑事合规管理；

（二）刑事合规风险识别、预警和应对机制；

（三）刑事合规咨询和审查机制；

（四）刑事合规检查整改机制；

（五）刑事合规举报监督机制；

（六）刑事违规追责机制；

（七）刑事合规管理评估机制。

第十二条　重点领域、重点环节和重点人员的刑事合规管理：

本公司应当重点关注内部是否存在（依照公司经营范围确认）行为，加强对此类刑事合规风险的监督管理，防范刑事风险；

本公司应当加强生产经营领域的刑事合规管理，结合自身实际情况，对照相关领域的法律法规、监管处罚等最新动态，及时发现风险，排除风险隐患；

本公司应当积极承担在环境保护方面的社会责任，形成完善的环保制度与环境污染风险识别机制，依法合规经营，以实现可持续发展；

本公司应当加强重点岗位用工刑事合规管理建设，依法合规用工；

本公司应加强对数据安全刑事合规风险的管理，提高数据安全防护意识，依法防范风险；

本公司应当增强知识产权意识，加强自身知识产权体系建设及专业人才的培养，防范刑事风险；

本公司应强化商业伙伴的合规管理制度，通过尽职调查等方法审核商业伙伴的类型、业务范围，信用信息等信息，降低商业伙伴可能带来的刑事合规风险；

本公司应明确赞助捐赠的限额及权限，对赞助捐赠行为实行统一管理；

本公司应加强境外经营的刑事合规管理，了解熟悉境外相关领域的政策法规，依法防范境外经营风险；

本公司应重点关注制度制定、经营决策和生产运营等重点环节的刑事合规管理；

本公司应加强对管理人员、高风险岗位人员等重点人员的刑事合规管理，加强对重点人员是否存在非法经营同类营业行为、为亲友非法牟利等行为的监督管理，切实管控重大刑事合规风险源，提升刑事合规管理的有效性。

第十三条 刑事合规风险识别、预警和应对机制：

刑事合规风险的识别是指对刑事合规风险进行甄别、评估、聚焦，以实现对刑事合规风险全面、准确、有效管理的目标。在对刑事合规风险进行识别时，应当遵循覆盖全、定位准和重点突出的基本原则。刑事合规风险识别遵循建立刑事合规风险库、重大刑事合规风险清单，年度刑事合规风险重点项目的历程，具体步骤包括刑事合规风险的甄别、评估及聚焦。

刑事合规风险预警是指根据高风险领域的国家政策、监管热点、出险事件及刑事合规风险识别结果，对具有典型性、普遍性和可能产生较严重后果特征的刑事风险及时发布预警或刑事合规风险提示，预防刑事合规风险的发生。

刑事合规风险的应对是指发现的刑事合规风险后，及时制定相应的风险应对预案，采取有效措施应对处置。

本公司应当建立健全刑事合规风险评估、预警和应对机制，对刑事合规风险进行动态识别、聚焦，按照风险紧急程度和风险等级大小采取相应的应对措施，以化解和缓和刑事合规风险。

第十四条　刑事合规咨询和审查机制：

本公司各部门及员工如果在日常经营管理和工作中遇到刑事合规风险事项，或对刑事合规风险及其管理不知如何处理时，应当及时咨询公司刑事合规工作机构。

本公司应当建立健全刑事风险合规审查机制，在规章制度制定、重大事项决策、重要合同签订、重大项目运营等重要行为节点时应当将刑事风险合规的审查作为必要考虑因素，当发现存在违规情形时及时提出相应的修改建议。

第十五条　刑事合规检查整改机制：

本公司的刑事合规工作机构应当与本单位审计、风险管理等部门分工协作，对本单位的规章制度制定、重大事项决策、重要合同签订、重大项目运营等经营管理行为进行定期、不定期的刑事合规检查，并建立信息互通共享机制，提高协同工作的效率。公司应当及时制定相应的整改方案应对刑事合规检查中被发现的问题，积极开展并按期完成整改工作，提出优化刑事合规管理的建议，形成刑事合规管理的闭环。

第十六条　刑事合规举报监督机制：

本公司应当建立刑事合规举报监督机制，依法保障员工、客户和相关第三方依法行使举报、投诉违法违规行为的权利。

刑事合规举报监督机制可以包括以下内容：

（一）设立专门的举报与投诉热线、投诉信箱 / 邮箱；

（二）对实名、匿名举报线索及时进行调查核实；

（三）对投诉与举报人采取专门保护措施，严禁对其进行打击报复；

（四）涉及违规投资、人员违纪或职务违法线索的投诉举报，应当及时移交本单位专门的机构或部门处理。

各职能部门及员工发现违法违规行为或刑事合规风险隐患时，应当主动、及时向本单位合规工作机构报告。

第十七条 刑事合规违规问责机制：

本公司应当加强违规问责机制建设，修改完善违规行为处罚机制，明晰违规责任范围，细化惩处标准。针对投诉举报反映的线索，及时开展调查核实。若确认存在违规行为，应按照相应规章制度和流程进行处理，严格追究违规单位及人员的责任。

第十八条 刑事合规管理评估机制：

本公司应当定期开展刑事合规管理评估，对刑事合规管理体系的有效性进行分析研判，对重大或反复出现的刑事合规风险和刑事违规问题，探本溯源，通过完善相关制度从源头上弥补管理缺陷。

第五节 刑事合规管理保障机制

第十九条 刑事合规管理保障机制包括刑事合规考核评价、刑事合规管理信息化建设、刑事合规管理队伍建设、刑事合规专题培训、刑事合规文化培育和刑事合规报告等。

第二十条 刑事合规考核评价：

本公司应当把刑事合规管理情况纳入各部门和各部门负责人的年度综合考核标准，细化评价指标。并将考核结果作为员工考核、干部任用、评先选优等工作的重要依据。

第二十一条 刑事合规管理信息化建设：

本公司应当通过信息化手段优化刑事合规管理流程，将相关信息予以记录、储存，对经营管理行为的合法及合规情况进行实时在线监控和风险分析，实现信息集成与共享。

第二十二条 刑事合规管理队伍建设：

本公司应当根据业务规模、刑事合规风险水平等因素配备相应的刑事合规管理人员，加强对上述人员的业务培训，提升其能力水平，建立一支专业化、高水平的刑事合规管理队伍。

海外经营重要地区、重点项目应当建立刑事合规管理机构或配备专职刑事合规工作人员，预防刑事合规风险。

第二十三条　刑事合规培训：

本公司应当制定年度合规培训计划，结合法制宣传教育，将刑事合规培训纳入员工培训范围，建立制度化、常态化的刑事合规培训机制，确保员工能够通过培训理解、遵守企业的合规目标和要求。

公司应当确保刑事合规培训的专业性，持续关注相关领域的法律法规、行业监管要求和监管重点的最新动态，密切结合本公司的重点刑事合规风险项目和重大刑事合规风险清单，及时为管理层提供相应的合规建议。

公司应当通过刑事合规检查和考核检测刑事合规培训的有效性，对出现违规行为的部门和个人进行重点培训教育。

公司应当将有关刑事合规培训的信息和事项记录在案，包括刑事合规培训的时间、地点、方式、培训人员和培训材料、受训人员的签到表和其他证明其参加培训的有关证明材料、培训考试的试卷和结果等。

第二十四条　刑事合规文化培育：

刑事合规文化是组织成员普遍认同、遵循的依法合规经营的思想观念、道德标准和价值取向，是企业合法合规经营的意识和行为。刑事合规文化建设对于企业避免遭受法律制裁、监管处罚、重大经济或声誉损失，实现可持续发展具有重要意义。

刑事合规文化主要包括“刑事合规从高层做起、全员主动刑事合规、刑事合规创造价值”等合规理念，公司应以此为基础开展各项刑事合规文化建设工作，通过组织刑事合规培训、制定和发放刑事合规手册、签订刑事合规承诺书、通过电子媒介进行刑事合规宣传等方式，逐步强化全体员工的刑事合规意识。

第二十五条 刑事合规报告：

本公司应当建立规范的刑事合规报告制度，要求相关部门按要求提交定期合规工作报告和不定期合规风险事项报告。

…………

第三章 企业刑事合规管理基本制度

合规经营是企业可持续健康发展的重要保障，健全的企业合规管理基本制度更是企业合规经营的根基。企业合规管理基本制度具体是指企业针对合规目标制定的一系列制度、程序、指引性等内部规范性文件的总称，一般包括企业经营者的合规经营、合规发展目标，以及涉及各个业务部门、职能部门和监管部门的制度性和规范性的要求等相关文件。

企业合规管理基本制度的构建需要坚持全面覆盖、客观公正、专业有效、精准实施的原则，不同行业、规模类型的企业需要按照自身的企业特点，运用合规管理风险识别的方法，针对自身的合规义务拟定合规事项清单，围绕核心合规事项制定针对性和系统性的合规管理制度，建立适合自身发展的合规组织架构，制定必要的合规运营和保障机制，从而构建符合需求、具有针对性、保证有效性的合规管理制度。合规管理基本制度只有在良好设计、认真执行并不断纠偏、修正的前提下，才能取得良好的运行效果。各个企业需要结合自身内部的业务发展情况和外部规范性文件修订、政策变化和监管动态变化的情况，改进和完善本公司的合规管理基本制度。

构筑企业合规管理基本制度至少需要具备这几个步骤：(1)明确相关合规规范性文件指引对公司所涉业务的规范要求和范围，确立公司合规总体目标。(2)遵循良好治理原则，搭建合规组织架构，明确合规领导与组织机构、职责分工。(3)识别公司业务需遵守的内外部合规义务，梳理和确定合规义务和合规事项清单。针对合规义务和合规事项清单判断合规风险等级，对重要业务、易发生合规风险的领域和重要事项建立系统化的合规制度；建立合规组织架构，根据岗位、职责和人员所需的技能配备专业的合规人员。(4)策划和制定合规风险控制措施，针对风险常见多发的业务范围制定专项的合规制度。(5)对企业合规经营环节进行定期考核，监测评估企业合规经营执行效果。(6)识别不合规事项，根据合规预案予以规范调整，依据新的合规规范性文件和公司的业务持续发展状况进行改进。(7)构建与其他行政辅助部门协助，取得领导支持，各方配合监督举报，落实合规文化建设和合规信息化支持等合规保障体系。

一、企业合规管理总体目标

企业合规管理总体目标应当以有效实现防控合规风险、倡导合规经营价值观为目的和导向，以企业、企业员工和利益相关方的经营管理行为作为规范对象，开展包括制定合规制度以及配套措施的一系列管理活动。总体目标的制定需要遵循良好治理、透明、可持续等原则，以实现公司的企业文化、社会价值和诚信经营、良好声誉的目标。为了实现企业在合规管理工作中所要达到的预期效果，通常总体目标应当包含以下几个方面：

1. 提高企业依法治企能力水平，确保企业经营管理行为符合国家法律法规、监管规定、行业准则和国际条约、规则等要求；

2. 建立健全合规管理体系，包括合规管理组织体系、制度体系、运行机制和保障机制，实现合规管理的制度化、规范化、流程化；

3. 营造良好的合规文化氛围，树立正确的价值观和道德观，引导员工自觉遵守法律法规和企业规章制度，形成人人有责、人人参与的合规氛围；

4. 有效防范和控制合规风险，及时识别、评估、预警和应对各类合规风险，防止或减少因违规行为引发的法律责任、经济损失或声誉损害等负面后果；

5. 促进企业改革发展，提升企业竞争力和可持续发展能力，增强企业社会责任感和公信力。

二、企业合规管理各个机构的分工与职责

企业合规管理涉及多个机构和部门，各自有不同的职责和分工。企业内应当设立的基本职能机构可以概括如下：

1. 党组织：发挥把方向、管大局、促落实的领导作用，把党的领导贯穿合规管理全过程，参与讨论决定合规管理体系建设和具体实施过程中的重大事项。

2. 董事会：董事会是合规决策层的机构，主要发挥定战略、作决策、防风险的作用，审议批准合规管理基本制度、体系建设方案和年度报告等，研究决定合规管理重大事项，推动完善合规管理体系并对其有效性进行评价，决定合规管理部门设置及职责。

3. 经理层：经理层与董事会同属于合规决策层，主要发挥谋经营、抓落实、强管理作用，拟订合规管理体系建设方案，经董事会批准后组织实施，拟订合规管理基本制度，批准年度计划等，组织制定合规管理具体制度，组织应对重大合规风险事件，指导监督各部门和所属单位合规管理工作。

4. 合规委员会：根据企业的规模与类型，可以在董事会下设专门委员会，负责统筹合规管理的执行工作，研究本公司合规管理重点事项，召集合规会议工作。

5. 业务及职能部门：业务部门是第一道合规防线，是公司业务领域合规管理责任主体，负责建立健全本部门业务合规管理制度和流程，开展合规风险识别评估，编制风险清单和应对预案，负责本部门经营管理行为的合规审查，及时报告合规风险，组织或者配合开展应对处置，组织或者配合开展违规问题调查和整改。

6. 合规管理部门：合规管理部门是第二道合规防线，负责组织和指导其他部门的合规工作，组织起草合规管理基本制度、具体制度、年度计划和工

作报告等，负责规章制度、经济合同、重大决策合规审查，组织开展合规风险识别、预警和应对处置，根据董事会授权开展合规管理体系有效性评价，受理职责范围内的违规举报，提出分类处置意见，组织或者参与对违规行为的调查，组织或者协助业务及职能部门开展合规培训，受理合规咨询，推进合规管理信息化建设。

7. 首席合规官：合规管理部门具有不同于其他部门的独立性，在合规管理部门可以设置首席合规官，负责参与企业重大经营决策，提出合法合规性审核意见，指导业务部门合规管理工作，对合规管理职责落实情况提出意见和建议。

8. 监督职能部门：监督部门是第三道合规防线，企业内设置监事会、纪检监察机构和审计、巡视等部门，依据有关规定在职权范围内对合规要求落实情况进行监督，对违规行为进行调查，按照规定开展责任追究。

三、企业合规管理的运行机制

企业可以参照国际标准组织构建管理体系的 PDCA 理论构建合规管理体系。PDCA 理念和模型是由美国质量管理专家沃特·阿曼德·休哈特最先提出的，而后得到美国质量管理专家戴明的采纳和推广后获得普及。PDCA 理念和模型包括四个阶段：第一阶段是策划阶段（Plan），通过调查、评估与分析，制定管理目标及达到这些目标的具体措施和方法；第二阶段是实施阶段（Do），按照所制定的计划和措施去付诸实施；第三阶段是检查阶段（Check），对照计划检查执行情况和效果，及时发现计划实施过程中的经验和存在的问题；第四阶段是处置阶段（Act），根据检查的结果采取措施，把成功的经验加以肯定，形成规范，对于存在的问题，采取措施防止后续再次发生。

具体而言，计划阶段应当做出长期、中期、短期合规计划，针对企业的风险清单和合规义务提出应对的方法和策略，并将该等解决路径予以制度化、规范化，制定可操作性的合规管理制度，后续针对性地对该类管理制度进行补充完善。执行阶段应当通过控制和执行程序、检查和测试、评估和调查等一系列手段保证合规管理制度得到有效执行。检查阶段通过内部评审和评估，以及企业定期开展合规管理评估的方式对合规管理系统的有效性进行判断。改进阶段需要针对合规管理体系运行中发生不合规情况做出控制、警示和纠正的措施，还包括对内外部环境发生变化、规范性文件、政策和企业业务发生变化的时候持续性对合规管理体系进行改进。

四、企业合规管理的考核评价机制

企业合规管理考核评价，是指对企业的合规管理体系、过程、绩效进行评价，检验合规管理体系的充分性、适用性、有效性，以及合规责任人和群体的合规义务履行情况，合规控制制度、措施、程序的执行情况，全员合规水平和能力的提升情况等。进行企业合规管理考核评价，能够鼓励企业合规、惩戒企业内违规现象，推动合规管理工作的持续改进，提高企业依法合规经营管理水平，有效防范和控制合规风险。企业合规管理考核评价的方法，可以根据具体情况选择适当的方式，如自我评价、内部评价、外部评价等。自我评价是指企业自行对自身的合规管理工作进行评价；内部评价是指企业委托内部专门机构或者人员对其合规管理工作进行评价；外部评价是指企业委托外部专业机构或者人员对其合规管理工作进行评价企业合规管理考核评价的内容，一般包括以下几个方面。

1. 合规管理体系建设情况，主要评价企业是否建立了完善的合规管理组织架构、制度体系、运行机制和保障机制等。

2. 合规管理过程执行情况，主要评价企业是否开展了有效的合规风险识别评估预警、合规审查、合规风险应对处置、违规问题整改等活动。

3. 合规管理绩效实现情况，主要评价企业是否达到了预期的合规管理目标和效果，是否有效避免或减少了因违规行为引发的法律责任、经济损失或声誉损害等。

4. 合规责任人和群体履责情况，主要评价企业各级领导、各部门、各单位和全体员工是否履行了相应的合规职责和义务，是否存在违反法律法规或者公司制度的行为。

5. 合规培训和文化建设情况，主要评价企业是否开展了有效的合规培训和宣传教育活动，是否营造了良好的合规文化氛围。

五、企业合规管理的监督问责机制

企业合规管理的监督问责机制，是指对企业的合规要求落实情况进行有效监督，对违规行为进行及时调查，按照有关规定开展责任追究，以促进企业依法合规经营管理，有效防控合规风险。企业合规管理的监督问责机制主要通过以下几个方面来发挥效能。

1. 企业合规管理监督问责机制的制定：第一，必须坚持贯彻“合规从高层做起”“合规人人有责”的合规基本理念，坚持违规必究、奖惩分明，并且注重追究过错与责任相适应、教育与惩戒相结合。第二，明确工作分工和工作责任，对各岗位作出尽可能完备、细致的规定，要明确不同治理层级之间、正副职之间的责任，以便在实施责任追究时能够确定相应的责任主体。

2. 企业合规管理监督问责机制的实施：高效实施是制度发挥作用的重要保障。问责机制建立后，不能任意进行追责，企业应当在内控制度框架下开展相关工作，问责从受理到启动，均应当遵守合法性原则，严格按照内部规章制度进行，依照程序执行，是否可以处分、何种责任的处分均应有据可依。

3. 特别情况从严问责。企业发生重大风险事件或刑事案件后，需要严格落实责任追究，坚持“双线”问责，有责必追、追责必严。发现涉嫌违法犯罪的，及时移送监察机关、司法机关处理，积极配合有关部门查清犯罪事实，合规整改。

4. 总结违规经验教训：第一，找准原因是总结的前提，引发违规的原因必须分析清楚，该违规行为是一次性的还是重复性的，到底何种原因导致了违规，是管理漏洞还是个人原因，或是其他。第二，对症下药是总结的意义，是制度漏洞还是管理不善，或者是员工思想意识薄弱，不同的问题采取不同的措施。第三，措施不是写在纸上，而是要切实落地，具体措施要通过制度优化、管理提升、内部培训、警示教育等方式切实落地。

合规管理是企业可持续健康发展的重要保障，如果企业没有合规意识，合规管理制度不健全，没有有效执行合规管理制度的话将面临不确定的合规危机。企业应结合自身实际情况，层层压实合规管理责任，将企业合规管理制度落地实施，并不断在生产经营实践中提升优化。为解答新时代的企业运营课题和迎接国际化形势新挑战而打下管理和制度的坚固基础。

示例三

企业刑事合规基本制度

词语定义：

除非上下文另有要求或文义另作说明，为本方案之目的，下列词语或简称在本方案中的含义如下：

（一）本公司：指 ×× 公司全系统的统称；

（二）各级部门：指公司内设的各职能部门（包括生产部、销售部、财务部等各部门）；

（三）员工：指 ×× 公司全体员工；

（四）刑事合规工作负责人：指公司的合规官，负责组织开展本公司的刑事合规管理工作；

（五）刑事合规工作人员：指本公司刑事合规岗位工作人员，包括负责刑事合规管理事务的专兼职刑事合规工作人员；

（六）本制度：指《××公司企业刑事合规基本制度》。

第一章　××公司刑事合规管理总则

第一条　本制度是依据中华全国工商业联合会、最高人民检察院、司法部、财政部、生态环境部、国务院国有资产监督管理委员会、国家税务总局、国家市场监督管理总局、中国国际贸易促进委员会《涉案企业合规建设、评估和审查办法（试行）》，严格按照《合规管理体系 要求及使用指南》（GB/T 35770—2022）国家标准，参照国家发展和改革委员会《企业境外经营合规管理指引》及国务院国有资产监督管理委员会《中央企业合规管理办法》等文件，结合本公司的经营情况和人员数量等实际情况制定。

第二条　本制度适用于本公司及各级部门。本制度是本公司执行刑事合规工作的基本标准和指导文件。

第三条　本制度所指刑事合规管理，是指本公司为了有效地防范刑事合规风险，提高依法刑事合规的经营管理水平，针对本公司的经营管理活动和员工的履职活动，开展的包括建立刑事合规体系、完善运行流程、培养刑事合规氛围、加强监督问责等有组织、有计划的管理行为。

第四条　本制度坚持权责清晰原则，明确各级部门、刑事合规管理部门和监督部门的职责。

第五条　××公司刑事合规管理总体目标：

增强本公司依法治企能力和刑事合规管理能力，保障依法合规经营，维护和提升公司的良好声誉和品牌价值，增强公司的行业竞争力。本公司各级部门和全体员工的经营管理和职业行为应当符合所适用的法律法规、监管规定及其他规范性文件、国际条约、行业规范和自律规则，并应当遵守行业公认并普遍遵守的职业道德和行为准则，守法合规、忠诚爱岗、廉洁自律、公平诚信。

第六条　××公司的刑事合规管理基本原则：

（一）全面性：合规管理全面覆盖本公司各部门及全体员工；

（二）独立性：合规负责人履职具有独立性，仅对本公司主要负责人负责；

（三）及时性：合规风险要及时发现和评估，合规机制要及时建立和执行，合规职责和措施要及时履行和采用；

（四）有效性：有效保障经营管理的合规性。

第七条 本公司应当在机构、人员、经费、技术等方面为刑事合规管理工作提供必要条件，保障相关工作有序开展。

第二章 ××公司刑事合规管理机构职责

第八条 刑事合规管理决策负责人：

本公司执行董事是公司刑事合规管理工作的决策者。

执行董事的主要职责：

（一）审议批准刑事合规管理基本制度、体系建设方案和年度报告等。

（二）研究决定刑事合规管理重大事项。

（三）推动完善刑事合规管理体系并对其有效性进行评价。

（四）决定刑事合规管理部门设置及职责。

第九条 刑事合规管理工作负责人：

本公司合规官是公司刑事合规管理工作的负责人，公司的高级管理人员可以兼任刑事合规管理工作负责人。

合规官的主要职责：

（一）拟订刑事合规管理体系建设方案，经决策负责人批准后组织实施。

（二）拟订刑事合规管理基本制度，批准年度计划等，组织制定刑事合规管理具体制度。

（三）组织应对重大刑事合规风险事件。

（四）指导各部门刑事合规工作。

第十条 刑事合规管理监督负责人:

本公司监事是公司刑事合规管理工作的监督责任人,负责对刑事合规要求落实情况进行监督,对违规行为进行调查,按照规定开展责任追究。

第十一条 刑事合规工作机构:

合规部为本公司的刑事合规工作机构。

合规部的主要职责:

(一)建立健全本公司业务刑事合规管理制度和流程,开展刑事合规风险识别评估,编制风险清单和应对预案。

(二)定期梳理重点岗位刑事合规风险,将刑事合规要求纳入岗位职责。

(三)负责本公司经营管理行为的合规审查。

(四)及时报告刑事合规风险,组织或者配合开展应对处置。

(五)组织或者配合开展违规问题调查和整改。

第十二条 其他部门刑事合规管理职责:

公司各级部门应依规行使刑事合规管理职责,并设立刑事合规工作对接人员。

公司业务部门负责本业务领域的日常刑事合规管理工作。

公司的人力资源、审计、财务、投资、综合管理、风险控制等相关部门,在各自职责范围内履行相应刑事合规管理职责,并加强工作协同和衔接,确保刑事合规管理体系有效运行。

第三章 ××公司刑事合规管理体系运行机制

第十三条 本公司各职能部门应当全面履行刑事合规义务,共同构筑刑事合规管理“三道防线”:第一道防线主责部门为各业务主管部门,负责分管领域刑事合规风险管理;第二道防线主责部门为合规部门,负责组织推进、统筹协调刑事合规管理工作;第三道防线主责部门为监督部门,负责监督审查刑事合规管理工作,督促整改落实。

第十四条　本公司应当建立包含规章制度完善机制、全面风险识别预警和防控机制、重大事项刑事合规审查机制、刑事合规管理评价和报告机制、考核追责机制、培训宣贯机制在内的“六位一体”刑事合规管理运行机制，全方位高效开展刑事合规工作。

第四章　××公司刑事合规考核评价制度

第十五条　本公司应当建立完善的刑事合规管理考核评价制度，将刑事合规管理的有效性纳入员工、高管、各部门的绩效考核范围。

第十六条　本公司合规官负责对本公司各级部门日常的合规管理能力和合规状况进行评价，协助本单位相关职能部门对刑事合规管理工作进行考核。

第十七条　刑事合规考核评价的程序包括：

（一）建立刑事合规管理绩效指标；

（二）收集与刑事合规管理考核评价对象有关的刑事合规管理绩效信息；

（三）收集刑事合规绩效后对其进行分析、评估，以此识别刑事违规的原因及相应的应对措施；

（四）形成刑事合规考核评价报告；

（五）听取考核评价对象的意见及申辩；

（六）将刑事合规考核评价结果作为员工考核、干部任用、评先选优、违规问责、持续整改等工作的重要依据；

第十八条　本公司刑事合规考核内容包括但不限于按时参加刑事合规培训、严格执行刑事合规管理制度、积极支持和配合合规管理机构工作、及时汇报刑事合规风险等。

第五章　××公司刑事合规监督问责制度

第十九条　本公司应当建立刑事合规举报监督制度，顺畅举报渠道，保障员工、客户等可以正常行使投诉举报违法违规行为的权利。

第二十条 本公司应当建立完善的刑事合规责任追究机制，对违反法律、法规、行业规范或者怠于履职导致公司遭受法律制裁、监管处罚、重大财产损失和公司声誉降低的人员进行责任追究。

第二十一条 刑事合规问责的程序包括问责启动、调查取证、审核决定、申诉复议、复议处理、问责执行。

第二十二条 刑事合规举报监督应当包括以下内容：

（一）设立投诉与举报电话、信箱、电子邮件等；

（二）匿名举报与实名举报并存；

（三）禁止对投诉、举报人打击报复的行为；

（四）及时对投诉举报进行调查、核实；

（五）发现违规问题后及时进行整改，追究相关责任主体的违规责任；

（六）鼓励公司员工发现违规行为或违规线索时主动向本公司合规工作机构报告。

第二十三条 刑事合规问责的对象包括各级管理人员、各级合规工作人员以及其他职工。

第二十四条 刑事合规问责的方式包括通报批评、诫勉警告、书面检查、停职调查、调离岗位、降级减薪、引咎辞职以及解雇除名等。

第六章 ××公司刑事合规培训制度

第二十五条 本公司应当注重刑事合规培训的普及性，将刑事合规培训纳入员工培训范围，每年制作相应的刑事合规培训计划，并开展刑事合规培训活动，通过刑事合规培训让员工掌握合规的基本知识和基本要求。

第二十六条 本公司应当注重刑事合规培训的专业性，根据法律、法规、行业准则的最新发展，结合公司的重点合规项目，由合规官及时制定相应的合规建议。

第二十七条 本公司应当注重刑事合规培训的有效性，通过合规检查及合规考核来检测刑事合规培训的效果，对出现违规行为的单位、个人进行有针对性的重点培训。

第二十八条 本公司应当注重合规培训的规范性，完整记录、保存有关刑事合规培训的信息材料，包括培训的时间、地点、方式、培训人员及培训材料、接受培训人员的名单、签到表及其他能够证明其参加培训的证明材料、培训测验的结果等。

第二十九条 通过开展刑事合规培训，针对培训存在的问题，持续改进培训计划，不断加强培训质量。

…………

第四章 企业刑事合规体系配套规定

本章探讨的企业刑事合规体系配套规定是指企业为了预防和应对可能涉及的刑事风险，而制定和实施的一系列规范和管理措施，包括刑事合规的风险识别、检查考核、有效性评价、教育培训等。

制定企业刑事合规体系配套规定的目的是促使企业及其员工遵守规定，确保企业利益不受违规行为的损害或者使这种损害尽量降到最低，同时也为了响应国家的合规监管要求，获取司法机关的正向激励和宽缓处理，提高企业的社会责任和信誉。完善的企业内部刑事合规体系配套规定有利于强化企业的内部控制机制，预防和制止企业内部的违法犯罪行为，保护企业的合法权益，维护市场经济秩序和社会公共利益；同时有利于提升企业的竞争力和发展潜力，适应国际化的趋势和要求，增强企业的抗风险能力和危机应对能力。

一、企业刑事合规风险的识别

合规风险识别，是指对企业内部合规风险存在或者发生的可能性以及合规风险产生的原因等进行分析判断，收集、整理企业所有合规风险点形成合规风险清单，以便进一步对合规风险进行监测和控制等系统性活动。企业开展合规风险识别与评估，目的在于识别企业潜在的合规风险行为，基于合规风险识别的结果，企业可以采取必要措施主动预防和控制合规风险，从而避免企业违反法律法规和企业合规承诺，实现企业合规目标，进而为实现企业可持续发展提供必要条件。

（一）确定企业的刑事风险范围

1. 确定企业所属行业类别

对企业进行刑事风险合规的第一步就是要确定企业所属的行业类别，当今社会更加强调合作分工，不同的企业在产业链的地位也不尽相同，处于不同产业链条上的企业所面临的刑事合规风险也有很大区别。

以建筑行业为例，一般可以分为原材料生产、原材料运输、建筑发包方、建筑承包方、建筑施工方等环节，其各自面临的刑事合规风险主要为生产安全及环境污染风险、运输安全风险、施工安全风险等，由此可以看出，位于不同链条上的企业所面临的风险侧重有很大不同，与此相对应，各自风险识别的方法、依据、步骤等也会存在较大差异。因此，企业刑事风险识别的前提是要确定企业所属的行业类别，在此基础上根据企业的具体情况有针对性地进行风险识别。

2. 以法律法规、行业标准等作为标准依据

企业风险识别最直观有效的参照依据就是相关法律法规、国家标准及行业标准，以民营企业为例，2024 年 3 月 1 日开始实施的《刑法修正案（十二）》的最大亮点就是将《刑法》第 165 条、第 166 条、第 169 条规定的非法经营同类营业罪，为亲友非法牟利罪，徇私舞弊低价折股、出售国有资产罪的犯罪主体范围从原来的国有企业人员扩展到包括非国有企业人员。这一立法上的转变一方面反映出国家进一步加强对民营企业内存在的商业贿赂行为的打击力度，另一方面也意味着民营企业人员，尤其是民营企业高管所面临的风险范围陡然扩大，民营企业人员的商业贿赂行为将不仅仅面临行政法、合同法上的责任，而是要承担更为严格的刑事责任，这就要求民营企业密切关注相关法律法规的更新变化，及时调整企业刑事风险合规政策，针对企业人员的此类不法行为加强监督管理，及时发现并制止此类行为带来的刑事合规风险，维护企业合法权益。

3. 形成企业合规风险识别清单

依据《中央企业合规管理办法》第20条的规定，中央企业应当建立合规风险识别评估预警机制，全面梳理经营管理活动中的合规风险，建立并定期更新合规风险数据库，对风险发生的可能性、影响程度、潜在后果等进行分析，对典型性、普遍性或者可能产生严重后果的风险及时预警。

企业刑事合规风险识别基本上以各业务部门或职能部门为主，在梳理各自部门履职流程过程中，出现未履职或未正确履职的后果，就是风险。“岗位合规职责清单”与“风险识别合规清单”其实是一体两面的关系，即如果没有按照岗位职责履职尽责，则会启动对应的风险识别清单内的风险点，但这并不意味着风险识别清单和岗位职责清单在内容上是一一对应的正反面关系，因为企业面临的刑事合规风险既有来自企业内部的风险，也有来自企业外部的风险。因此，只有对企业面临的合规风险进行准确的识别、分析和评价，才能形成相应的企业刑事合规风险清单，具体包括以下几个方面的内容：

第一，确保企业岗位合规职责清单里的内容完整、准确。如前文所述，如果没有按照岗位职责履职尽责，则会启动对应的风险识别清单内的风险点，因此首先应当确保企业岗位合规职责清单里的内容完整、准确。企业岗位合规职责清单，包含岗位职责义务和岗位风险。可以从岗位职责入手，梳理履职业务活动清单，也可以从部门职责内容入手。根据业务内容清单，检索每一个业务对应需要遵守的合规义务，合规义务包括公开的法律法规强制性标准制度，也包括政策性法律法规和国际性文件，还有上级主管单位的监管文件，按照业务类别建立起部门职责的合规业务清单。

第二，通过对风险发生的可能性、影响范围及程度、潜在后果等进行分析并进行风险分级。通过将员工的岗位职责和部门主责的业务内容范围与企业制度中确定的职责说明进行对照，梳理出对应的履职事项，进行合规风险源识别、对应的风险情形描述，进行风险分析与风险评估分级，在此基础上列出相应的风险识别清单。

第三，建立动态更新的风险识别清单当发生业务变更、新规出台等重要变化时，应及时进行合规风险再识别、再分析和再评估，实现对合规风险的动态管理。

（二）确定识别企业刑事合规风险的工作流程

1. 风险调查

随着我国法律制度的日渐完善及依法治国的推进，企业为了避免法律风险，往往会设置专职的法务部门，有的企业还会聘请常年法律顾问，由法务部门和企业法律顾问相互配合，共同负责审查法律文件、解决企业经营过程中遇到的法律问题、参加诉讼或仲裁等工作。企业合规审查作为企业推进合规管理的主要环节，与传统企业法务部门在审查依据、审查范围、审查主体、审查的内容和侧重点及对审查人员的知识储备要求等方面都存在较大差异。

以审查内容及侧重点为例，企业合规风险审查是合规管理部门及人员开展的专门合规管理活动，在强调全面合规审查时，不局限于对企业合同文本内容的形式审查，更是侧重于对重点领域、重点环节、重点人员（如企业高管等）、热点领域的合规审查，企业进行合规审查的目的主要在于避免企业遭遇行政处罚甚至是刑事犯罪风险。因此，行政监管规定及刑事立法的相关规定是企业风险合规审查的主要规范依据。而传统企业法务部门的则侧重于处理企业的具体法律事务，主要包括审查合同、起草法律文件及代表企业参加涉及企业的相关诉讼和仲裁活动等，因此民商事法律规范、司法解释是法务部门审查时重点适用的规范依据。

2. 根据对企业经营活动的异常情况进行分析查找对应的风险点

以串通投标罪为例，正常的投标工作流程主要包括前期调查、投标报名、投标准备、投标、投标总结等阶段，企业招投标一般都会形成相应的工作流程，确定负责该事项的职能部门、相应的负责人、形成相应的会议、文字记录等，如果在对企业的招投标活动进行审查时发现企业没有根据相应的工作流程进行招投标活动，便有合理理由对企业的招投标活动存在的异常进行分析，往往能够发现刑事刑事合规的具体风险点。

（三）企业刑事合规风险识别的具体操作方法

1. 典型案例检索与分析

通过对同行业的涉诉案例进行检索、分析，可以比较直观地看出企业涉及的罪名分布，并从企业的涉诉行为中总结出刑事风险点，例如可以从煤矿行业涉及的安全生产责任罪的犯罪行为提炼出哪些具体的行为会构成此种犯罪，企业在对刑事合规风险进行识别时就可以重点关注企业是否存在此类行为。

2. 通过合同文本审查背后可能隐藏的风险点

企业合规部门与企业法务部门在对企业所面临的风险进行审查时的侧重点不同，以合同审查为例，法务部门侧重于对合同文本的内容进行形式审查，如对合同主体资格、合同履行的条件、双方的权利义务等进行审查，以此来规避风险。而企业合规部门则要透过合同文本对合同背后可能隐藏的风险点进行审查，如根据合同双方的主体信息调查合同相对方是否存在关联交易、为亲友非法牟利等行为的线索。

3. 依据行政处罚所依据的行为识别企业刑事风险

行政违法与刑事犯罪的重要区分标准之一就是对社会造成的危害程度不同。行政违法行为属于一般违法，社会危害性小。刑事犯罪行为属于严重违法行为，侵犯了刑法保护的法益，社会危害性大。由此可见，行政处罚与刑事犯罪二者除存在程度上的轻重之分外，在行为上具有高度的相似性，因此，行政违法行为是企业刑事风险识别的重要来源。

4. 建立内部举报制度

企业建立内部举报制度有两点优势，第一，企业内部人员往往最容易发现企业的违法违规行为，而违法违规行为被揭露的时间越早，企业面临的法律风险和经济损失发生的可能性也越小；第二，企业内部举报制度是衡量公司内部合规制度完整性和有效性的重要标准之一。内部举报制度的有效建立可使公司及时了解企业经营发展过程中存在的合规问题，并能迅速进行展开调查、应对，这也能使公司避免未来面临“失控”的局面。

5. 企业上下游情形的尽职调查

对企业的风险识别不能仅仅局限于企业某一个具体的项目或者环节，很多情形下企业的刑事风险不是孤立存在的，而是和企业的上下游行为环环相扣的。例如，煤炭行业的环境污染犯罪，往往在煤炭的生产运输、经营各个环节都会涉及，而环境污染所造成的后果往往对企业构成犯罪与否、量刑轻重都有重大影响，因此，在对企业刑事风险的识别上，应当对企业的上下游情形进行尽职调查，及时发现风险，排除隐患。

示例四

企业刑事合规风险识别机制方案

第一章　×××公司刑事合规风险识别机制总则

第一条　为了加强×××公司的刑事合规风险管理，提高×××公司的刑事合规意识和水平，防范和控制各类刑事合规风险，保障×××公司的合法权益和良好声誉，依据《涉案企业合规建设、评估和审查办法（试行）》《合规管理体系　要求及使用指南》（GB/T 35770—2022）及有关法律、法规的规定，结合本公司的实际情况，特制定本方案。

第二条　刑事合规风险是指因公司或员工违反或可能违反国家法律、法规、行业规范、公司章程、内部方案等导致或可能导致的损失或不利后果。

第三条　刑事合规风险识别是指通过系统地收集、分析、评估和监控与×××公司经营管理活动相关的刑事法律法规，以及可能导致刑事责任的行为或情形，从而及时发现和防范刑事合规风险的过程。

第四条 本公司应当建立刑事合规风险识别评估预警机制，将刑事合规风险识别作为企业刑事合规体系的重要组成部分，定期或不定期地开展刑事合规风险识别工作。

第五条 本公司根据自身的经营管理特点和行业特征，确定刑事合规风险识别的范围、方法、标准和流程，明确各部门和岗位的责任和职能，建立有效的沟通协调机制。

第二章 ××× 公司刑事合规风险的识别

第六条 合规部负责通过各种渠道和方式，全面收集与其经营管理活动相关的刑事法律法规，包括国家法律、行政法规、部门规章、司法解释、行业准则等，以及国际条约、公约、协议等。

第七条 ××× 公司合规部应当依据法律法规识别本公司刑事风险，制定风险点位清单。

第八条 ××× 公司各业务部门依照风险点位清单梳理本业务部门的刑事合规风险，由合规部收集整理。

第九条 合规部根据收集到的风险清单及刑事法律法规，分析其对企业经营管理活动的影响和要求，确定可能导致刑事责任的行为或情形，以及可能涉及的刑事罪名和处罚。

第三章 ××× 公司刑事合规风险的分析

第十条 本公司应当建立刑事合规风险数据库，将合规部收集到的刑事法律法规和可能导致刑事责任的风险清单，分类整理并存储在统一的信息平台上，以便于查询、分析和管理的数据集合。

第十一条 本公司应当建立并定期更新刑事合规风险数据库，保证其内容的完整性、准确性和时效性。

第十二条 公司合规部应当对刑事合规风险数据库中的数据进行分析，评估每一项刑事合规风险发生的可能性、影响程度和潜在后果，并根据评估结果，将刑事合规风险分为高、中、低三个等级。

第十三条　公司合规部重点关注高等级和中等级的刑事合规风险，并针对风险进行深入的分析和研究。必要时应当组织开展专题会议或研讨会，邀请相关业务部门和相关领域专家参与，探讨刑事合规风险产生的原因、表现和影响，并提出防范和应对措施（依据企业经营范围最终确定）：

（一）对于涉及贪污贿赂、洗钱、逃税等经济犯罪的合规风险，预警条件可以是企业内部或外部出现异常的资金流动、账务记录、审计报告等，预警信号可以是收到相关部门或机构的调查通知、询问函、传票等。

（二）对于涉及侵犯知识产权、商业秘密、竞争法等市场犯罪的合规风险，预警条件可以是企业内部或外部出现异常的技术泄露、产品仿冒、价格操纵等，预警信号可以是收到相关部门或机构的调查通知、询问函、传票等。

（三）对于涉及环境污染、食品安全、职业健康等公共利益犯罪的合规风险，预警条件可以是企业内部或外部出现异常的排放物、产品质量、员工健康等，预警信号可以是收到相关部门或机构的调查通知、询问函、传票等。

第四章　×××公司刑事合规风险的预警

第十四条　刑事合规风险预警是指通过对刑事合规风险数据库的监控和分析，及时发现和识别出可能导致刑事责任的行为或情形，以及可能发生的刑事案件或事件，并由合规部及时向相关部门和人员报告和通报，以便于采取有效的防范和应对措施的过程。

第十五条　公司合规部应当对刑事合规风险数据库进行定期和不定期的监控和分析，关注刑事合规风险的变化和动态，特别是对典型性、普遍性或者可能产生严重后果的风险，进行重点监控和分析。

第十六条　×××公司应当建立刑事合规风险预警方案，明确预警的标准、程序和责任，制定预警的报告和通报方式和内容，并确定预警的接收部门和人员。

第十七条　公司刑事合规风险预警的责任应当按照以下原则分配：

（一）报告义务：发现或识别出需要进行预警的合规风险的部门或人员，有义务立即向合规官报告，并提供相关证据和信息。对于故意隐瞒、延误或虚假报告的行为，应当给予严厉的处罚。

（二）协助义务：收到合规官通报的部门或人员，有义务提供协助和配合，及时反馈相关证据和信息。对于拒绝、阻碍或不配合的行为，应当给予严厉的处罚。

（三）执行义务：收到合规官指令的部门或人员，有义务按照指令执行防范和应对措施，并及时反馈执行情况。对于违反、拖延或不执行的行为，应当给予严厉的处罚。

（四）责任追究：如果因为某个部门或人员的过失或故意导致了刑事合规风险的发生或扩大，该部门或人员应当承担相应的法律责任，并赔偿企业因此造成的损失。

第十八条　×××公司刑事合规风险预警的报告应当采取以下方式：

（一）方式：应当根据不同情况选择适当的报告和通报方式，包括电话、邮箱、信函、网络等，并保证其畅通、安全和保密。公司应当优先选择最快捷、最直接、最有效的方式进行报告和通报。

（二）内容：应当根据不同情况确定必要的报告和通报内容，包括基本信息、详细情况、证据材料、分析评估、处理措施等，并保证其完整。

第十九条　×××公司应当按照以下步骤进行刑事合规风

险预警：

(1)报告：当公司内部或外部出现符合预警标准的条件或信号时，发现或识别出该情况的部门或人员应当立即向合规官报告，并提供相关证据和信息。

(2)通报：合规官在收到报告后，应当及时向相关部门和人员通报该情况，并要求其提供协助和配合。

(3)分析：合规官在收集到足够的证据和信息后，应当对该情况进行认真核实、调查和分析，并评估其对企业可能造成的影响和后果。

(4)处理：合规官在完成分析后，应当根据分析结果，提出合理的防范和应对措施，并向相关部门和人员下达执行指令。

第二十条 公司合规部应当结合实际发生的刑事合规案件或事件，进行案例分析，总结经验教训，提高刑事合规风险预警的效果和效率。

…………

二、企业刑事合规检查、抽查及有效性评价

本书所讨论的企业刑事合规检查、抽查主要针对企业内部的自查，是指企业为了预防和发现内部的违法犯罪行为，而采取的一种有效的合规管理措施。通过内部的合规检查、抽查，企业可以及时识别和处置刑事法律风险，避免或减轻刑事责任，提升企业的合规水平和社会信誉。

企业合规检查、抽查的目的不仅是保证企业经营管理活动的合规性，避免因违反法律法规、行业标准、内部规范等合规规范而造成的法律责任、经济损失、声誉损害等后果。合规检查、抽查的目的也是提升企业依法合规经营管理水平，增强企业的合规信誉和形象，增加企业的市场份额和利润，赢得社会的认可和尊重。合规检查、抽查的目的还是推动企业制定和完善合

规管理制度，建立健全合规管理体系，形成合规文化，实现合规持续改进。

企业合规检查、抽查的对象是企业的经营管理行为和员工的履职行为，包括规章制度、经济合同、重大决策、重点领域、热点领域、重大事项、专业性领域等。企业合规检查、抽查的对象应当根据企业的经营管理特点和行业发展、政府监管的需要，选择合规检查的范围和对象，如全面合规检查、重点领域合规检查、热点领域合规检查、重大事项合规检查、专业性合规检查等。企业合规检查、抽查的对象应当涵盖企业的所有经营管理活动，不应有遗漏或漏洞，以确保企业的合规全覆盖。

（一）企业合规检查、抽查的方法主要方法

第一种方法是企业内部各部门的自查。由企业各部门自行对本部门的合规情况进行检查，发现问题并及时整改。自查是合规检查的基础工作，可以提高企业和员工的合规意识和自觉性，促进企业合规管理的内化和自主化。

第二种方法是企业主导的专项检查，由合规管理部门或其他专业部门针对某一特定领域或事项进行专门的检查，评估合规风险并提出改进措施。专项检查是合规检查的重点工作，可以针对企业合规的重点、热点和专业领域，进行深入的分析和评估，提出专业的意见和建议。

第三种方法是聘请外部第三方检查。由专业机构对企业的合规情况进行客观、公正、专业的检查，提供合规评估报告和建议。第三方检查是合规检查的补充工作，可以借鉴外部的经验和标准，进行全面的审视和监督，提高合规检查的权威性和公信力。

（二）企业合规检查、抽查的程序

第一步，制订检查计划。明确检查的目的、范围、对象、方法、时间、人员等。制定检查计划是合规检查的前期工作，可以为合规检查提供明确的指导和依据，提高合规检查的效率和质量。

第二步，开展检查工作。按照检查计划，采用查阅资料、访谈人员、现场核查等方式，收集、分析、整理检查数据和证据。开展检查工作是合规检查的主体工作，可以为合规检查提供充分的数据和证据，保证合规检查的客观性和准确性。

第三步，形成检查结果。根据检查数据和证据，对企业的合规情况进行评价，发现合规问题和风险，提出整改意见和建议。形成检查结果是合规检查的后期工作，可以为合规检查提供明确的结论和方向，促进合规检查的实效性和针对性。

第四步，跟踪检查整改。督促企业按照整改意见和建议，制定并实施整改方案，定期报告整改进展和效果，直至问题和风险消除。跟踪检查整改是合规检查的延续工作，可以为合规检查提供有效的保障和支持，实现合规检查的持续性和完整性。

通过定期或不定期的企业合规检查、抽查，能够提高企业合规意识。合规检查、抽查，使企业和员工认识到合规的重要性和必要性，增强合规的自觉性和主动性。合规意识是企业合规管理的基础，也是企业合规文化的核心，只有提高企业合规意识，才能形成合规的价值观和行为规范。亦能够规范企业合规行为。通过检查、抽查，促使企业和员工遵守合规规范，规避合规风险，防止违规行为，提升合规水平。合规行为是企业合规管理的表现，也是企业合规水平的体现，只有规范企业合规行为，才能保证企业的合规性和合法性。完善企业合规制度。通过检查、抽查，发现企业合规制度的不足和缺陷，推动企业制定和完善合规管理制度，建立健全合规管理体系。合规制度是企业合规管理的保障，也是企业合规运行的规范，只有完善企业合规制度，才能形成合规的制度环境和机制保障。企业内部的合规检查、抽查也是增强企业合规竞争力的有效手段。通过检查、抽查，提升企业的合规信誉和形象，增加企业的市场份额和利润，赢得社会的认可和尊重。合规竞争力是企业合规管理的目标，也是企业合规效益的体现，只有增强企业合规竞争力，才能实现企业的可持续发展和长远利益。

(三)企业刑事合规有效性评价

2022 年 10 月 12 日,中国企业评价协会发布了《企业合规管理体系有效性评价指引》,该标准适用于企业合规管理体系有效性的第三方评价,也可以作为企业自我评价的参考。这个标准提出了企业合规管理体系有效性评价的指标体系,从企业合规环境评估、领导作用和资源投入、合规制度与运行机制、合规文化、绩效评估改进五个维度以及党建在企业合规管理中的作用,设计了评价指标,同时明确了企业合规管理体系有效性评价工作的规则、流程以及报告评级等实施程序。

参考《企业合规管理体系有效性评价指引》制定企业内部的刑事合规有效性评价体系,可以为企业提供一套科学、合理、可操作的合规管理体系有效性评价方法,帮助企业识别合规管理的优势和不足,提出改进措施,提升合规水平和竞争力。由于该标准是在参考《中央企业合规管理办法》《涉案企业合规建设、评估和审查办法(试行)》《企业合规计划评价指南》(美国司法部 2020 年版)等相关文件的基础上,结合企业合规管理的实际情况制定的,可以为企业提供一套符合国际标准和国内规范的合规管理体系有效性评价指标,帮助企业对标先进,找到差距,明确工作方向。为企业提供一套完善的合规管理体系有效性评价流程,帮助企业规范评价工作,保证评价的客观性、公正性、有效性。

1. 企业刑事合规有效性评价的主要内容

企业合规环境评估:主要是评价企业的内外部因素、利益相关方的需要和期望、合规管理体系的范围、合规义务等方面,以了解企业所面临的刑事合规风险的来源、程度和影响,以及企业应遵守的刑事合规要求。

领导作用和资源投入:主要是评价企业的最高管理层参与度、合规管理机构的职能和资源、管理者职责与绩效、合规管理信息化建设等方面,以了解企业是否有明确的合规方针和目标,是否有独立、专业、充分的合规管理人员和资源,是否有有效的合规管理信息系统,是否将合规管理纳入绩效考核和问责机制。

合规制度与运行机制：主要是评价企业的合规管理制度体系、合规管理机制运行等方面，以了解企业是否有完善的合规管理制度，是否针对重点领域制定了专项合规管理制度，是否有合规风险识别评估预警、合规审查、合规报告、违规问题整改、违规追责问责、协同运作等合规管理机制，是否能够有效执行和落实合规管理制度和机制。

合规文化：主要是评价企业的合规理念、合规文化推广、合规激励与惩戒等方面，以了解企业是否有明确的合规价值观和理念，是否有有效的合规宣传和培训，是否有强化全员合规意识和责任的措施，是否有奖励合规表现和惩戒违规行为的制度，是否有形成良好的合规氛围和文化。

绩效评估改进：主要是评价企业的合规管理绩效评估、合规管理体系改进等方面，以了解企业是否有定期或不定期地对合规管理体系的有效性进行评估，是否有根据评估结果提出改进措施和建议，是否有持续改进合规管理体系的机制，是否有实现合规管理的持续优化。

2. 企业有效性评价的操作步骤

第一步：确定评价的目的、范围、标准、方法、流程、人员、时间等，制定评价方案，收集相关资料，进行初步分析。评价的目的是检验企业刑事合规管理体系的有效性，评价的范围是涉及企业刑事合规风险的所有方面，评价的标准是根据不同的行业、规模、性质和需求而有所差异，但一般包括企业合规环境评估、领导作用和资源投入、合规制度与运行机制、合规文化、绩效评估改进等五个维度。评价的方法可以采用文档审阅、现场检查、问卷调查、访谈交流、穿透测试等方式，评价的流程可以按照评价准备、评价实施、评价报告的顺序进行，评价的人员可以由企业内部或外部的专业机构或人士组成，评价的时间可以根据评价的复杂程度和紧迫性而定。

第二步：根据评价方案，对企业的合规环境、合规组织、合规制度、合规运行、合规文化、合规绩效等方面进行全面、深入、细致的评估，收集、整理、分析评价数据，形成评价结论。评价的重点是要考察企业刑事合规管理体系是否能够有效识别、评估、预防、控制、应对、改进刑事合规风险，是否能够有效执行和落实合规管理制度和机制，是否能够有效培育和强化合规文化和意识，是否能够有效监测和评估合规管理绩效，是否能够有效持续改进和提升合规管理水平。评价的结论是要根据评价数据和标准，对企业刑事合规管理体系的有效性水平进行量化或定性的评价，指出企业刑事合规管理的优势和不足，提出改进建议和措施。

第三步：根据评价结论，编制评价报告，反映企业刑事合规管理体系的有效性水平，提交评价报告，进行沟通和反馈。评价报告是评价的成果和依据，应该包括评价的目的、范围、标准、方法、流程、人员、时间等基本信息，以及评价的数据、分析、结论、建议等主要内容，评价报告应该客观、公正、有效，避免主观臆断、片面偏颇、虚假失实等问题。评价报告应该及时提交给评价的委托方或相关方，进行沟通和反馈，根据反馈意见进行必要的修改和完善，形成最终的评价报告。

示例五

企业刑事合规检查、抽查及有效性评价操作规程

第一条 本标准依据《涉案企业合规建设、评估和审查办法（试行）》《合规管理体系 要求及使用指南》（GB/T 35770—2022）《合规管理体系有效性评价指引》及有关法律、法规的规定，结合本公司的实际情况制定。旨在为企业提供一套刑事合规检查、抽查及有效性评价的方法和标准，以提升企业刑事合规管理体系的有效性，防范和化解刑事风险，促进依法合规经营管理。

第二条 本标准适用于本公司的内部刑事合规检查、抽查工作。

第三条 本标准遵循以下原则：

（一）以刑事合规风险为导向，全面覆盖刑事合规管理各环节，重点关注可能存在刑事合规管理缺失、遗漏或薄弱的环节，全面、客观反映本公司刑事合规管理存在的问题，充分揭示刑事合规风险。

（二）以提升依法合规经营管理水平为目标，从刑事合规管理体系的完备性、运行性和效果性三个方面进行评价，综合运用定性和定量的评价方法，形成评价结论和改进建议。

（三）以实事求是为基础，依据法律法规、监管规定、行业准则和国际条约、规则以及公司章程、相关规章制度等，对企业刑事合规管理体系的建立和执行情况进行客观、公正、准确的检查、抽查。

（四）以持续改进为动力，根据检查、抽查的结果，及时发现和纠正刑事合规管理的不足和缺陷，提出具有可操作性和针对性的改进建议，推动企业刑事合规管理体系的不断完善和优化。

第四条　检查、抽查工作由本公司合规官负责，抽查、检查的对象包括企业主要负责人、业务及职能部门、刑事合规管理部门和监督部门，以及本公司全体员工。

第五条　检查、抽查的内容包括刑事合规管理体系的完备性、运行性和效果性，以及刑事合规管理的重点领域、关键环节和重要人员。

第六条　检查、抽查的方法包括文件审查、现场核查、问卷调查、访谈交流等，综合运用定性和定量的方法，形成评价结论和改进建议。

第七条　检查、抽查的标准包括以下三个方面：

（一）刑事合规管理体系的完备性，主要评价企业是否建立了符合法律法规、监管规定、行业准则和国际条约、规则，以及公司章程、相关规章制度等要求的刑事合规管理体系，包括刑事合规管

理基本制度、具体制度、专项指南等。评价指标包括:

1. 刑事合规管理体系的制度完备度,即企业已建立的刑事合规管理制度与应建立的刑事合规管理制度的对比情况。

2. 刑事合规管理体系的制度适用度,即企业已建立的刑事合规管理制度与实际业务活动的契合程度。

3. 刑事合规管理体系的制度更新度,即企业已建立的刑事合规管理制度与法律法规、监管规定、行业准则和国际条约、规则等变化情况的适应程度。

(二)刑事合规管理体系的运行性,主要评价企业是否有效执行了刑事合规管理制度,包括刑事合规风险识别评估预警、合规审查、合规培训、合规咨询、合规监督问责等。评价指标包括:

1. 刑事合规风险识别评估预警的覆盖度,即企业已识别评估预警的刑事合规风险与实际存在的刑事合规风险的对比情况。

2. 刑事合规审查的合格度,即企业经营管理行为和员工履职行为通过合规审查的情况。

3. 刑事合规培训的参与度,即企业员工参与刑事合规培训的情况。

4. 刑事合规咨询的满意度,即企业员工对刑事合规咨询服务的满意程度。

5. 刑事合规监督问责的执行度,即企业对违规行为进行监督问责的情况。

(三)刑事合规管理体系的效果性,主要评价企业刑事合规管理体系的运行是否达到了预期的目标,包括防范和化解刑事风险、提高刑事合规意识和能力、促进依法合规经营管理等。评价指标包括:

1. 刑事合规风险的控制度,即企业已控制的刑事合规风险与实际存在的刑事合规风险的对比情况。

2. 刑事合规意识的提升度，即企业员工在刑事合规培训和咨询后的刑事合规意识水平。

3. 依法合规经营管理的优化度，即企业刑事合规管理体系的运行对企业经营管理效率和效果的影响。

第八条　检查、抽查的频次和范围根据本公司的规模、性质、行业特点、刑事合规风险状况等因素确定，一般应至少每年进行一次全面的检查、抽查，同时根据需要进行针对性的检查、抽查。

第九条　检查、抽查的程序应遵循以下步骤：

（一）制定检查、抽查计划：明确检查、抽查的目的、对象、内容、方法、标准、时间、人员等。

（二）通知检查、抽查对象：说明检查、抽查的事由、要求、注意事项等，要求检查、抽查对象配合检查、抽查工作，提供必要的文件、资料、信息等。

（三）实施检查、抽查：按照检查、抽查计划，采用文件审查、现场核查、问卷调查、访谈交流等方法，收集、整理、分析检查、抽查的数据和信息，发现和记录检查、抽查的问题和不符合项。

（四）形成检查、抽查报告：总结和评价检查、抽查的结果，对检查、抽查的问题和不符合项进行分析和评估，提出改进建议和整改措施，确定整改责任人和整改期限。

（五）提交检查、抽查报告：将检查、抽查报告提交给检查、抽查对象和相关部门，要求检查、抽查对象按照报告的要求进行整改，并在规定的期限内报告整改情况。

（六）跟踪检查、抽查的整改情况：对检查、抽查对象的整改情况进行跟踪监督，核实整改的效果，对整改不到位或不及时的，提出督促或问责的意见。

第十条　检查、抽查的结果应作为企业刑事合规管理体系的持续改进的依据，同时也应作为企业主要负责人、业务及职能部门、刑事合规管理部门和监督部门，以及全体员工的刑事合规绩效考核的重要参考。

第十一条 检查、抽查的过程和结果应保持必要的保密性，不得泄露涉及企业商业秘密、个人隐私或其他敏感信息的数据和信息，不得利用检查、抽查的机会进行不正当的利益交换或其他违法违规行为。

第十二条 检查、抽查的工作应建立相应的档案，包括检查、抽查计划、通知、报告、整改情况等，按照规定的期限和方式进行保存和管理。

第十三条 有效性评价是指根据抽查、检查工作的数据结果对本公司刑事合规管理体系的完备性、运行性和效果性进行综合分析和评价，以判断公司刑事合规管理体系是否达到了预期的目标，是否能够有效防范和化解刑事风险，是否能够促进公司依法合规经营管理。

第十四条 有效性评价的标准是根据本标准第七条规定的检查、抽查的标准，以及本公司刑事合规管理体系的目标和要求，确定的企业刑事合规管理体系的有效性评价指标。

第十五条 有效性评价的频次和范围应根据企业的规模、性质、行业特点、刑事合规风险状况等因素确定，一般应至少每年进行一次全面的有效性评价，同时根据需要针对性地进行有效性评价。

第十六条 评价流程：

（一）制定评价计划：确定评价的任务、责任、资源、时间表。

（二）收集评价数据：通过问卷、访谈、观察、文件等方式，收集企业合规管理体系的相关数据。

（三）分析评价数据：根据评价内容，对收集的数据进行分析，计算评价得分，判断评价等级。

（四）编制评价报告：根据评价结果，编制评价报告，包括评价概况、评价得分、评价等级、评价意见。

（五）提交评价报告：将评价报告提交给企业的相关负责人，以便进行反馈和改进。

第十七条　评价内容包括以下四个方面：

（一）合规环境：评价企业的合规战略、合规组织、合规资源、合规风险的情况。

（二）合规制度：评价企业的合规政策、合规程序、合规控制、合规监督的情况。

（三）合规文化：评价企业的合规价值、合规信念、合规行为、合规沟通的情况。

（四）合规绩效：评价企业的合规目标、合规结果、合规改进、合规效益的情况。

第十八条　评价标准：

（一）优秀：企业合规管理体系运行良好，有效防控合规风险，达到了预期的目标和效果。

（二）良好：企业合规管理体系运行较好，基本防控合规风险，接近了预期的目标和效果。

（三）一般：企业合规管理体系运行一般，部分防控合规风险，偏离了预期的目标和效果。

（四）较差：企业合规管理体系运行较差，难以防控合规风险，远离了预期的目标和效果。

（五）很差：企业合规管理体系运行很差，无法防控合规风险，严重影响了企业的正常经营和社会形象。

第十九条　负责组织有效性评价的合规官应当根据评价结果，给出评价意见，包括企业合规管理体系的优势、不足及建议。

…………

第××条　本标准的解释权属于本公司刑事合规管理部门，

本标准的修订和更新应根据法律法规、监管规定、行业准则和国际条约、规则，以及企业刑事合规管理体系的运行情况进行，修订和更新的程序应遵循本标准的制定程序。

第××条 本标准自发布之日起生效，本标准的执行情况应定期进行评估和反馈，以保证本标准的有效性和适用性。

示例六

企业刑事合规内部检查操作指引

本指引旨在为 ××× 公司提供一套刑事合规检查的操作规范和流程，以帮助公司在实践中避免违法犯罪行为，保障公司的合法权益和社会公共利益。本指引适用于本公司的全体员工，与本企业的其他管理制度和行为准则相互补充。

本指引依据《涉案企业合规建设、评估和审查办法（试行）》，严格按照《合规管理体系　要求及使用指南》（GB/T 35770—2022）国家标准，参照《合规管理体系有效性评价指引》（T/CEEAS 003—2022）、国家发展和改革委员会《企业境外经营合规管理指引》及国务院国有资产监督管理委员会《中央企业合规管理办法》等相关法律法规和政策文件制作，并定期进行评估和更新。如有任何疑问或建议，请及时联系合规部。

第一章　检查目的

第一条 通过检查了解公司刑事合规管理体系的现状，评估公司刑事合规管理体系的优势和不足，提出公司刑事合规管理体系的检查等级、检查意见以及企业刑事合规管理体系的改进建议，促进公司刑事合规管理体系的优化和提升。

第二章　检查范围

第二条 检查对象：××× 公司；主营业务：__________；公

司概况：__________。

第三条　检查时间：××××年××月××日；检查周期：__________。

第三章　检查原则

第四条　本指引遵循以下原则：

（一）以预防为主，防患于未然。公司应当主动识别、评估、控制和消除刑事风险，建立健全刑事合规管理体系，提高刑事合规意识和能力，防止再次发生相同或类似的违法犯罪。

（二）以改革为导向，持续改进。公司应当结合自身实际情况和所处行业特点，制定切实可行的刑事合规计划，对内部治理结构、规章制度、人员管理等方面存在的问题进行改革和完善，构建有效的刑事合规组织体系，健全刑事风险防范报告机制。

（三）以监督为保障，接受评估。公司应当服从国家监管机构的监督管理，并全力配合国家司法机关对其刑事违法行为的调查和处理。公司应当按照检察机关的要求，委托第三方监督评估机构对其刑事合规计划的执行情况进行监督评估，并及时向检察机关报告评估结果。

第四章　检查方法

第五条　检查方式：检查采用自查的方式。

第六条　检查工具：本次检查使用的工具包括问卷、访谈、检查观察、检查文件。

第七条　检查标准：本次检查遵循的标准是 T/CEEAS 003—2022《企业合规管理体系有效性评价指引》。

第五章　检查流程

第八条　制定检查计划：确定检查的任务、责任、资源、时间表。

第九条　收集检查数据：通过问卷、访谈、观察、文件等方式，收集企业刑事合规管理体系的相关数据。

第十条 分析检查数据：根据检查内容，对收集的数据进行分析，计算检查得分，判断检查等级。

第十一条 编制检查报告：根据检查结果，编制检查报告，包括检查概况、检查得分、检查等级、检查意见。

第十二条 提交检查报告：将检查报告提交给企业的相关负责人，以便进行反馈和改进。

第六章 检查标准

第十三条 检查标准分为以下五个等级：

•优秀：企业合规管理体系运行良好，有效防控合规风险，达到了预期的目标和效果。

•良好：企业合规管理体系运行较好，基本防控合规风险，接近了预期的目标和效果。

•一般：企业合规管理体系运行一般，部分防控合规风险，偏离了预期的目标和效果。

•较差：企业合规管理体系运行较差，难以防控合规风险，远离了预期的目标和效果。

•很差：企业合规管理体系运行很差，无法防控合规风险，严重影响了企业的正常经营和社会形象。

第七章 检查意见

第十四条 合规官根据检查结果，给出检查意见，包括企业合规管理体系的优势、不足、建议等。

第八章 修订和更新

第十五条 本公司应当根据法律法规和行业发展的变化，以及刑事合规计划执行情况的反馈，定期或不定期对刑事合规检查操作指引进行修订和更新。合规官应当保持刑事合规检查操作指引的时效性、适用性和有效性，不得降低或放松刑事合规的标准和要求。

企业修订和更新刑事合规检查操作指引的具体步骤如下：

（一）建立刑事合规检查操作指引修订和更新的工作小组，由合规管牵头，其他相关部门或机构参与，负责对刑事合规检查操作指引进行定期或不定期的审查和评估。

（二）收集和分析以下方面的信息，作为修订和更新刑事合规检查操作指引的依据：

1. 国家法律法规、政策文件、司法解释等与刑事合规相关的最新规范；

2. 行业协会、专业机构、权威媒体等发布的与刑事合规相关的最新动态、案例、数据等；

3. 公司内部各部门或机构、从业人员、合作伙伴等对刑事合规检查操作指引的执行情况、存在问题、改进建议等。

（三）根据收集和分析的信息，对刑事合规检查操作指引进行必要的修订和更新，主要包括以下内容：

1. 增加或删除刑事风险识别中涉及的法律规范、司法实务案例；

2. 调整或优化刑事风险防控中涉及的管理制度、操作规程、监控手段；

3. 完善或改进刑事合规组织中涉及的职责分工、人员配置、报告机制；

4. 更新或补充刑事合规培训中涉及的培训内容、培训形式、培训效果；

5. 修改或完善刑事合规考评中涉及的考核标准、奖惩措施、评估方法。

…………

三、企业年度刑事合规工作考核、验收管理制度

企业刑事合规是企业为实现依法依规经营、防控刑事合规风险所建立的一种治理机制。[1]企业刑事合规工作涉及企业遵守相关刑事法律法规、预防违法行为、保障企业合法权益等重要内容，对企业的经营和发展具有重要意义。为了确保企业刑事合规工作的有效运行和持续改进，制定年度刑事合规工作验收管理细则是必不可少的。刑事合规验收是指负责整改验收的有关主体通过一定的检测方法、检验步骤，对企业刑事合规整改效果的实际检测检验，并据此出具验收评估结论的活动。可以通过涉案企业自查、委托律师调查、第三方组织检查、行政主管部门稽查等方式，对整改效果进行测试和检验。本书通过对企业刑事合规工作验收相关问题进行分析和阐述，旨在为企业评估自身刑事合规工作的有效性提供参考。

企业年度刑事合规工作验收管理细则旨在确保企业的刑事合规工作得到有效实施。本细则旨在提供一套全面的验收管理流程和标准，帮助企业评估和监督刑事合规工作的执行情况，及时发现问题并采取合适的纠正措施。内容主要包括验收目标及原则、验收内容、验收程序、验收方法和验收报告等。[2]通过执行年度刑事合规工作验收管理细则，企业可以全面了解刑事合规工作的执行情况，发现并解决问题，从而提升企业的刑事合规能力和整体管理水平。

(一) 总体目标

企业年度刑事合规工作验收管理细则的目标在于监督和评估企业合规工作的完备性和有效性，确保企业在合规方面的法律和道德要求得到贯彻

〔1〕 参见陈瑞华：《论企业合规的性质》，载《浙江工商大学学报》2021 年第 1 期。

〔2〕 参见陈瑞华：《中兴公司的专项合规计划》，载《中国律师》2020 年第 2 期。

落实。[1]具体来说包括：

评估合规工作的有效性：通过对企业年度刑事合规工作的验收评估，可以评估合规措施的有效性和合规工作的成果，这有助于检验合规工作的质量、针对性和有效性，以及是否能够实际防范和减少企业面临的刑事风险。[2]

发现和解决合规问题：验收的过程中，可以发现和识别企业存在的合规问题、风险和缺陷。通过全面的评估和检查，可以及时发现并解决潜在的合规隐患，帮助企业预防和避免刑事风险的发生。

验证合规工作的完备性：验证企业年度刑事合规工作的完备性，确保企业已采取必要的合规措施，涵盖本企业的关键业务领域和流程，确保企业的合规工作覆盖全面，不会出现遗漏或疏忽的情况。

促进持续改进和学习：验收过程可以为企业提供评估结果和改进建议，以帮助企业改进合规工作和管理体系。通过验收报告和反馈，企业可以了解存在的问题和改进的方向，促进持续学习和改善合规文化。

提升企业声誉和信任度：有效的刑事合规工作能够提升企业的声誉和信任度，增强内外部利益相关方对企业高质量、可持续发展的信心。通过进行年度刑事合规工作验收，企业可以展示自身对法律遵从和道德责任的承诺和实践，从而巩固企业良好的声誉和信用。

总之，企业年度刑事合规工作验收管理细则的目的是确保企业合规经营，通过持续的评估、发现问题、改进和学习等手段提升企业合规管理能力和水平，实现企业可持续发展。[3]

---

〔1〕参见国枫律师事务所：《上市公司刑事合规系列之九 刑事合规中的验收考核》，载 https://mp.weixin.qq.com/s/2ezhS4tityj16Sao_QeyWw，最后访问日期：2023 年 10 月 13 日。

〔2〕参见陈瑞华：《中兴公司的出口管制合规计划》，载《中国律师》2020 年第 3 期。

〔3〕参见陈瑞华：《合规视野下的企业刑事责任问题》，载《环球法律评论》2020 年第 1 期。

(二)验收工作应遵循的原则

1. 独立性原则

独立性原则是指在进行合规验收时,需要保持独立的立场和独立的评估过程,以确保评估结果的客观性和可靠性。该原则的具体内容包括:

第一,审查机构的独立性:审查合规工作的机构或人员应当具备独立性,不受其他部门或个人的干扰或影响,以此确保评估过程不会受到内部或外部压力的干扰,保证了评估结果的客观性和公正性。

第二,独立的决策和判断:在进行合规工作验收时,应当以客观、公正的态度进行决策和判断,根据相关的法律法规、企业政策和标准,以及实际情况和证据进行独立的分析和评估,不受其他人或者自身偏见的影响。

第三,独立的报告和沟通:评估人员应当独立地撰写合规工作验收报告,并将评估结果以客观、准确的方式进行沟通。清晰地记录评估过程和发现的问题,并提出相应的建议和改进措施,以帮助企业完善合规工作。企业年度刑事合规工作验收管理工作秉持独立性原则,旨在确保评估过程的客观性、公正性和可靠性,促进企业的合规文化建设和风险管控。

2. 客观性原则

客观性原则是指评估人员应当收集并依据客观真实的证据和数据,基于法律法规、企业合规政策等开展验收工作。[1]具体来说,企业年度刑事合规工作验收管理工作应基于客观的法律法规、企业政策和国家标准等来制定本企业年度刑事合规工作验收的内容和标准。确保验收过程不受个人主观因素的影响。在进行合规工作验收时,评估人员应当收集并依据客观的证据和数据,以验证合规工作的有效性。在撰写合规工作验收报告时,应当基于客观的事实和分析,以客观的态度对合规工作的优点和不足进行客观的评价,并提出改进的建议和措施。客观性原则的遵循有助于确保合规工

[1] 参见尹云霞、李晓霞:《中国企业合规的动力及实现路径》,载《中国法律评论》2020年第3期。

作验收的公正性、可信度和有效性。通过依据客观准则、证据和数据进行评估，企业能够全面地了解自身合规风险和问题，并采取相应的改进措施，提升合规管理水平。

3. 公正性原则

公正性原则是指在进行合规验收时，要确保评估过程和结果的公正性。具体来说，包括验收的程序公正、验收的标准和要求公正、验收的决策和判断公正、验收的结果公正、机会和权益公正。公正性原则的遵循有助于建立公正、透明和可信的合规文化，促进企业的合规管理和风险控制。通过公正的评估过程和结果，企业可以识别和防范合规风险，提升企业形象和信誉，避免法律风险。

（三）验收流程

企业年度刑事合规工作验收的工作流程通常包括以下步骤。

1. 验收方法

企业年度刑事合规工作验收的方法可以包括以下几个方面。[1]

文件和记录审查：对与企业年度刑事合规工作相关的文件和记录进行审核和评估。包括合规报告、培训记录、政策文件、审计报告等。通过审查这些文件和记录，可以了解合规工作的执行情况和合规风险的识别与管理情况。

现场检查和观察：进行现场检查和实地观察，以验证合规工作的实际执行情况。通过现场检查，可以了解员工对合规要求的理解和遵守情况，检查合规操作流程和设施是否符合要求，以及发现潜在的合规问题。

口头访谈和调查：与关键人员、合规负责人、员工等进行口头访谈和调查。通过交流和询问，了解他们对合规工作的认知和执行情况，获取他们的意见和建议，以及发现潜在的合规风险和问题。

---

〔1〕 参见辽宁省劳动人事争议研究会：《合规管理考核与评价》，载 https://mp.weixin.qq.com/s/_9GruIRqjLeqGQbuLU4HlA，最后访问日期：2023 年 10 月 13 日。

抽样检查和抽查调查：对一定比例的合规工作进行抽样检查和抽查调查。通过抽样，可以全面覆盖不同部门、岗位和业务领域，有效地发现合规问题和风险，评估合规工作的全面性和有效性。

2. 验收内容

企业年度刑事合规工作的评审内容应当包括合规方针与承诺、合规组织与组织的合规管理职责、合规管理制度、合规风险管理、合规审查、合规管理评估与评审、合规审计、违规管理与问责、合规宣传与培训、合规考核与评价、合规管理计划与合规报告、合规管理信息系统、合规文化。[1]

3. 收集相关信息

收集与企业年度刑事合规工作相关的文件、资料和数据，如合规报告、培训记录、审计结果等。确保信息完整、准确，并对可能存在的缺陷或问题进行初步识别。

4. 进行现场检查和深入调查

根据验收计划，进行现场检查和深入调查，以验证企业刑事合规工作的落实情况。包括访谈相关人员、查阅关键文件、审查记录等，以获取更全面的信息。

5. 评估合规工作的执行情况

根据收集到的信息和调查结果，对合规工作的执行情况进行评估。评估人员应根据事实和标准来判断合规工作的合规性、有效性和完整性。

6. 发现问题和提出建议

评估人员应发现问题和不足，并提出相应的改进建议。这些建议应具体、可操作，并与相关部门或岗位共享，以便采取适当的措施来改进合规工作。

7. 编写验收报告

根据评估结果和建议，编写详细的验收报告。报告内容应包括以下

---

〔1〕 参见孙国祥：《刑事合规的理念、机能和中国的构建》，载《中国刑事法杂志》2019 年第 2 期。

方面。[1]

验收目的和背景： 说明验收的目的、背景和重要性，以及对企业合规管理的意义和影响。

验收标准和要求： 列出验收所依据的标准和要求，包括法律法规、企业政策和行业规范等。说明这些标准和要求对于合规工作的重要性和适用性。

验收过程和方法： 描述验收的具体过程和使用的方法，包括文件和记录审查、现场检查和观察、口头访谈和调查、抽样检查和抽查调查等。说明每个步骤的目的和执行情况。

评估结果和发现问题： 总结评估的结果，并详细列出发现的合规问题、风险和不足。针对每个问题进行具体描述，包括问题的性质、原因、影响和紧急程度等。可使用表格或清单形式整理问题清单。

改进建议和措施： 提出改进建议和具体实施措施，以解决发现的合规问题和风险。建议和措施应具体、可操作，并明确责任部门和时间计划。可以根据问题清单逐项提出对应的建议和措施。

奖惩和激励措施： 对合规工作表现优秀的个人或团队给予奖励和激励，以鼓励他们继续保持良好的合规表现。同时，对违反合规规定的个人或团队给予相应的纠正和惩处措施，以强化合规意识和风险防控。

验收反馈和改进计划： 将验收报告向相关部门和管理层进行反馈，并征求反馈意见和建议。根据反馈意见，制定改进计划，并确定改进措施的实施计划和责任人。

总结和展望： 总结验收工作的成果和经验教训，以及对未来合规工作的展望和建议。强调持续改进和风险预防的重要性，并提出建议和行动计划。

需要注意的是，验收报告应简明扼要、清晰明了地呈现评估结果和建

〔1〕 参见汇业律师事务所：《企业合规管理体系验收、评估、评价、审计实务指引》，载微信公众号“汇业法律观察”，2019 年 11 月 22 日发布。

议，以便相关人员理解和采取相应的措施。同时，报告应详尽地记录评估过程和发现的问题，为后续的合规措施和改进提供支持和依据。

8. 验收反馈和改进措施

将验收报告反馈给相应的部门或岗位，并跟踪改进措施的执行情况。确保问题得到及时解决和改进，并监督合规工作的持续改进过程。

9. 监督和追踪

定期进行监督和追踪，确保改进措施的有效性和持续性。通过内部审核、自查等方式，评估合规工作的进展和成效。

上述步骤仅是企业年度刑事合规工作验收的一般流程，实际情况可能因企业规模、行业特点和法律要求等而有所差异。企业应根据自身情况和需要，制定相应的验收流程，并持续优化与改进合规工作的效果和效率。

示例七

企业年度刑事合规工作考核细则

序号	考核项目			考核分值
1	体系建设情况	组织体系	在董事会或类似权力机构下设风险管理委员会，明确企业风险管理牵头部门，并设置专职或兼职合规（风险）人员	要求××××年××月底前完成，未落实的，每项扣××分
2		制度体系	完善基本管理制度，包括但不限于风险管理办法、合规管理办法、法务事务管理办法等	要求××××年××月底前完成，未完成的，每项扣××分
3			制定合规管理专项实施细则，包括但不限于合规行为准则、合规审查、合规检查与评价、合规举报监督等	要求××××年××月底前完成，未完成的，每项扣××分
4			完善法律管理专项实施细则，包括但不限于合同管理、授权管理、法律审核、诉讼与非诉讼管理等	未完成的，每项扣××分
5			完善内部控制和风险管理配套的制度或细则，如采购、销售、资金、资产、担保、投资、工程、财务、人力资源等	未完成的，每项扣××分

续表

序号	考核项目		考核分值
6	重大风险防范化解情况	结合企业实际情况、编制重点风险防范化解工作方案，确立风险类别，安排部署重点工作任务，并切实按照方案推进实施	未落实的，扣 ×× 分
7		建立风险隐患排查、评估、预警、处置机制，定期开展风险评估活动，形成风险隐患管理台账，按照要求的时间节点上报	未落实的，扣 ×× 分
8		对排查出的重大风险制定相应的防范措施，落实责任人，实现风险可防可控	未落实的，扣 ×× 分
9		每季度第一个月 ×× 日前提交上季度风险管理报告，发生重大风险事件随时报告	未落实的，每项扣 ×× 分
10		不发生标的额 ×× 万元以上的重大纠纷案件；诉讼纠纷案件及标的额环比上年度下降 ××%	未达标的，每项扣 ×× 分
11		不发生重大风险事件，包括但不限于：×× 万元以上损失的事件；造成人员死亡的安全生产事故；受到 ×× 万元以上的行政处罚；×× 人以上的集体信访事件；其他造成公司重大经济损失或严重影响企业声誉的重大事项	发生的，每项扣 ×× 分
12	其他重点工作完成情况	自收到起诉状或立案之日起 ×× 日内，将本企业发生的诉讼案件录入企业 ×× 平台案件管理系统	未落实的，每项扣 ×× 分
13		按照企业有关文件或者要求，按期报送内部控制体系工作报告、合规管理工作报告等	未落实的，每项扣 ×× 分
14		积极配合并按照要求组织人员参加企业 ×× 部门组织的各类宣传或培训活动	未落实的，扣 ×× 分
15		畅通违规举报途径，通过设立电子邮箱、热线电话等，接受企业内外部对违规行为的举报	要求 ×××× 年 ×× 月底前完成，且持续改进，未完成的，扣 ×× 分
16		开展合规审查工作，对本企业经营管理事项及相关资料与文件（如合同、协议、制度、重要决策事项等）的合法合规性进行审查，并留存审查记录或可追溯的痕迹	要求 ×××× 年 ×× 月底前完成，且持续改进，未完成的，每项扣 ×× 分
17		开展合规自查工作，对企业及员工遵循法律法规及规章制度的情况、合规管理体系运行的有效性、违规事件的整改情况等进行检查，并留存自查记录	要求 ×××× 年 ×× 月底前完成，且不定期持续推进，未完成的，扣 ×× 分
18		按时保质完成企业 ×× 部门安排部署的其他重点工作	未完成的，每项扣 ×× 分
…………			

四、企业刑事合规培训制度及培训课程设计

企业刑事合规培训制度的目的是确保员工了解和遵守相关法律法规，从而防止犯罪行为的发生。另外，合规培训应根据企业的特定需求进行定制，包括法律法规培训、风险识别与防范培训、合规政策与流程培训、违规案例分析培训等内容。同时，培训形式可以选择面对面培训或在线培训，并结合互动形式增强培训效果。最后，企业应通过评估培训效果和持续监督改进，确保刑事合规培训的有效性和可持续性。

随着社会的不断发展和法律制度的日益完善，企业面临的刑事风险也在逐渐增加。企业合规是法治社会背景下企业可持续发展的基础，而刑事领域的合规则是整个企业合规的基石。[1]为了降低企业面临的刑事风险，保护企业的持续健康发展，建立和实施一套科学有效的刑事合规培训制度及完善的培训课体系显得至关重要，通过刑事合规培训，企业可以有效预防潜在的刑事犯罪行为，并及时发现和处理违法违规问题，以保护企业的形象和利益。刑事合规培训课程的设计是确定培训内容和方法的关键环节，课程设计时应根据企业的特定需求和业务领域进行个性化定制，以确保培训能够深入企业具体的业务操作和实践中。

(一)刑事合规培训制度建设的目的和重要性

企业刑事合规培训制度是为了提高企业员工对刑事法律规范的认知和理解，并为他们提供必要的知识和技能，以保障企业在经营活动中遵守法律、预防犯罪行为和降低法律风险。企业刑事合规培训制度的目的和重要性包括以下几点。

---

〔1〕 参见韩轶:《企业刑事合规的风险防控与建构路径》，载《法学杂志》2019年第9期。

1. 增强员工的法律意识。

刑事合规培训可以帮助企业员工加强对相关法律法规的认识和理解，了解自身行为的法律风险以及可能出现的法律后果，提高企业员工遵守法律的自觉性。

2. 提高企业员工的风险识别与防范的能力水平。

企业通过组织刑事合规培训，能够使员工了解什么是违法行为、如何辨别、预防及应对可能出现的刑事法律风险，降低企业发生刑事违法行为的可能性。

3. 保护企业经济利益和声誉。

出现刑事违法行为将会对企业造成严重的经济和声誉损失。通过刑事合规培训，企业员工能够更好地理解违法行为的危害性，及时采取正确的措施防范、应对企业刑事法律风险，保护企业的利益和声誉。

4. 培育企业刑事合规文化。

刑事合规培训是培育企业合规文化的重要手段之一。通过刑事合规培训，可以营造企业全员参与、人人有责的合规文化氛围，促进企业员工依法依规开展工作，形成企业文化的共识。

5. 防范企业刑事法律风险。

刑事合规培训能够帮助员工识别潜在的法律风险点，提高风险防范意识，并提供相应的应对策略和措施，减少企业面临的法律风险和潜在违法行为的可能性。

综上所述，企业刑事合规培训制度的目的是提高员工的法律意识和合规水平，并预防和避免企业发生刑事违法行为，保护企业利益和声誉。刑事合规培训是企业内部合规管理的重要环节，对企业的可持续发展具有重要意义。

（二）企业刑事合规培训应遵循的原则

企业刑事合规培训的原则主要包括以下几个方面。

1. 合法合规原则：企业开展刑事合规培训必须遵守国家法律法规，确保培训的内容符合国家相关法律、法规的规定，确保培训内容的准确性和权威性。

2. 针对性原则：企业刑事合规培训应根据企业实际情况进行量身定制，以满足不同岗位、部门和员工的具体合规需求。培训内容和方式应与员工的职责和角色相匹配，确保培训的针对性和有效性。

3. 全员参与原则：企业刑事合规培训应包括企业全体员工，上到企业高层管理人员，下到企业基层员工，都应当接受合规培训。全员参与培训可以帮助企业建立集体责任感和统一的合规文化，形成全员共同关注和参与的合规氛围。

4. 持续性原则：刑事合规培训不应只是一次性的活动，而是一个持续的过程。企业需要定期开展培训活动，及时更新相关法律法规的变化，结合企业的实际发展情况和新的风险点对培训内容进行动态调整和完善。

5. 互动性原则：刑事合规培训应鼓励员工参与互动，激发员工的主动性和创造性，通过案例分析、讨论和演练等形式，增强培训的实效性和可操作性。互动培训可以激发员工的学习兴趣，并帮助他们更好地理解和运用刑事合规方面的知识。

6. 绩效评估原则：企业刑事合规培训应建立相应的绩效评估机制，对培训的效果进行评估和反馈。通过定期的绩效评估，可以了解培训的实际效果，并对培训内容和方式进行改进和优化。

企业开展刑事合规培训遵循上述原则有助于保障培训的针对性、全面性和有效性，提高企业员工的法律意识和合规水平，推动企业合规文化的建设。

（三）刑事合规培训课程设计

1. 刑事合规培训需求评估

刑事合规培训需求评估的目的是全面了解企业员工在刑事合规方面的

知识水平、意识和技能，发现员工在刑事合规操作中存在的问题和难点，评估员工对刑事风险的识别能力和防范意识，并根据评估结果确定刑事合规培训的重点和内容。[1]刑事合规培训需求评估的常用方法包括问卷调查、会议反馈、实际操作观察等。在进行刑事合规培训需求评估时，可以综合使用多种方法，以全面了解员工的刑事合规知识、意识和技能水平。通过收集反馈和数据，分析评估结果，确定刑事合规培训的重点和内容，为制定刑事合规培训计划提供有针对性的指导。同时，也可以通过定期的评估和监测，掌握刑事合规培训效果，不断改进和提升培训质量。

2. 企业刑事合规培训的内容

培训内容是刑事合规培训制度的核心。培训内容应该根据企业的实际情况、业务领域和风险特点进行定制化设计。刑事合规培训的内容应当包括刑事合规的起源和概念、我国刑事合规制度的发展现状、企业重点领域刑事合规，企业重点领域刑事合规、重点领域的刑事法律法规知识、刑事风险识别与防范的方法、刑事合规的政策与流程、违规案例分析等。根据员工的岗位和职责不同，培训内容可以进行针对性的划分。在刑事合规案例的选取上，应针对该企业最主要的风险领域选择具有代表性的违规案例，如投资企业应当重点关注企业合同管理、商业伙伴、商业贿赂等领域，做到有的放矢。

3. 企业刑事合规培训的形式

合规培训的形式和方法是刑事合规培训的重要组成部分。常见的培训形式主要包括以下几种。

面对面培训：通过讲座、研讨会等形式为企业员工进行面对面的培训，提供现场交流机会进行互动和讨论。

在线培训：利用网络在线学习平台或电子课件等形式，让员工可以自主学习，随时随地进行培训。

---

〔1〕 参见张童：《企业合规风险管控机制建设运行之探究》，载《对外经贸》2022年第9期。

案例分析和角色扮演：通过案例分析和角色扮演的方式，培养员工在实际情境中应对合规问题的能力。

4. 企业刑事合规培训计划和培训周期

制订详细的刑事合规培训计划并合理安排培训周期对于培训工作的开展具有重要的作用。企业在制订培训计划时应当考虑到企业员工的时间安排和工作负荷，合理分配培训资源。同时，培训周期应该是一个连续性和持续性的过程，以不断强化员工的刑事合规意识和能力。

5. 刑事合规培训的师资

培训师资是刑事合规培训工作有效开展的重要保障。培训师资应具备相关的专业知识和丰富的实践经验，确保其在了解企业实际情况的前提下进行有针对性的培训。培训师资可以来自企业内部的合规团队成员，也可以来自外部聘请的专业机构人员，具体应由企业根据实际需要进行选择和配置。

6. 刑事合规培训的评估和监督

企业开展刑事合规培训需要进行评估和监督，以确保培训的有效性和可持续性。培训评估可以包括培训效果评估、参与度评估等，通过向参加培训的企业员工收集反馈意见，进行绩效评估来检验培训的效果。此外，企业应当定期对培训工作进行监督和改进，及时发现问题，并进行相应调整和改进。

刑事合规是合理的风险防控机制，赋予企业减轻刑罚的可能性。[1]企业建立完善的刑事合规培训制度对于提高企业的合规能力和防范风险至关重要。该制度应包括明确的目标和原则，以确保培训的有效性和可持续性。培训需求评估是制定刑事合规培训课程的关键步骤。通过调查员工对合规知识和技能的需求，确定培训内容和形式，以满足员工的实际需求。刑事合

〔1〕 参见毕岚欣、杨启涵：《民营企业刑事合规制度的现实考量与建构研究》，载《现代商贸工业》2022年第24期。

规培训课程的设计应考虑培训的内容、形式、教材、考核、评估和监督等内容。未来企业刑事合规培训应重点关注培训内容的持续更新、增加培训的互动性和实践性、将刑事合规培训延伸至供应商、合作伙伴等相关方，形成全方位的合规文化。通过建立健全的企业刑事合规培训制度，设计合适的培训课程，评估和监督培训效果，企业可以提升员工的合规意识和能力，降低法律风险，保护企业的长期发展。〔1〕

示例八

企业刑事合规培训制度及培训课程设计制度

第一章　总　　则

第一条　合规培训是指提供给企业员工甚至第三方商业伙伴的，针对相关合规风险及合规义务，进行传授相关合规知识和法律责任，提升相关人员合规意识，减少相关合规风险，帮助企业进行合规管理的一种活动。

第二条　开展培训的基本要求包括人群全覆盖、突出针对性、培训常态化三个方面。

第二章　合规培训的制定

第三条　企业在定制合规培训前应当与相关专业人员与企业内部员工进行充分沟通，在此基础上制定初步的培训计划和方案，确保员工对企业的合规目标有基本的了解。沟通时应当着重了解企业的合规需求，结合企业自身特点和具体风险有针对性地配置相应的专业人员，提升合规培训工作的效率。

第四条　制定培训计划时应当着重考量培训的整体需求，整体需求主要受企业是否发生风险、是否已经涉诉以及企业自身的

〔1〕　参见黎宏：《合规计划与企业刑事责任》，载《法学杂志》2019年第9期。

经营特点等因素的影响。

第五条 合规培训应当适当根据接受培训人员的身份和职责，确立不同的培训内容。针对企业员工可以采取宏观的合规制度介绍的培训方式，针对企业高管可以采取企业经营管理常见风险介绍的培训方式，针对业务部门员工则可以有针对性地采取常见业务合规风险介绍的培训等。

第三章 合规培训的基本内容

第六条 合规培训的总体内容应当包括宏观的企业合规介绍、企业合规管理架构及规范文件的介绍、企业合规管理基本知识的介绍、企业合规风险的识别和预防等。

第七条 宏观的企业合规介绍内容包括企业合规的发展历程、涉及的基本内容以及合规理念等。重点在于帮助受众了解企业合规的基本知识，为合规培训和合规工作的开展奠定基础。

第八条 企业合规管理体系建设，需要建立专门的合规管理组织、制定配套的运行机制和合规规范等文件，全体员工都需要熟悉，以便于贯彻执行。企业合规承诺、合规手册、合规指南以及其他合规规范等文件，全体员工都应当熟悉掌握；合规管理部门的具体职责、合规运行机制等管理信息，决策层、高管人员以及合规管理部门人员应当充分了解。

第九条 合规管理的基本知识包括法律、经济、管理、财务、时政等方面的内容。企业应当根据自身特点确定培训的知识内容。企业合规管理部门工作人员、企业高管人员等重点岗位人员应具备相应的合规知识，将合规风险纳入到经营决策的考量因素中，作出符合企业合规要求的判断。

第十条 企业合规风险的识别和预防主要是指对企业经营管理中重点存在的风险进行专业分析，在此基础上对企业合规风险的识别及预防进行介绍。如建筑工程类企业在进行合规培训时，应当对可能发生的串通投标、安全事故、商业贿赂等该行业高发的合规风险进行重点介绍。

第四章　确定合理的培训计划

第十一条　制定培训计划前应当识别企业主要的合规风险点，根据企业年度大致时间表，拟定可行的培训计划。

第十二条　合规培训的方式包括线上培训和线下培训，企业应当结合自身需求和实际情况选择相应的培训方式。

第十三条　企业合规培训人员包括企业合规管理部门人员、企业管理层以及外聘的专家、律师等人员。

第十四条　企业应当根据自身需要科学安排、确定培训的次数以及每次的培训主题及内容，充分发挥合规培训的作用和效率。

第五章　合规培训的开展

第十五条　企业应当安排专人负责合规培训活动的开展，妥善安排合规培训的讲师、场所以及合规培训所需要的硬件设备设施、与律师对接等工作，保障合规培训工作有序开展。

第十六条　企业应当对合规培训的过程安排专人进行记录，形成书面的文字材料、照片及电子存档等，并对记录予以完整、多样化留存，真正做到合规培训留痕。

第六章　合规培训的评估与改进

第十七条　企业应当通过合规知识的考核、问卷调查、座谈反馈、数据分析等形式对企业合规培训的效果进行评估，总结经验，发现问题，为后续培训计划的改进奠定基础。

第十八条　通过合规培训的评估情况以及公司自身实际情况的变化对合规培训计划及内容进行持续更新和改进，明确培训的重点，保障合规培训的有效性，以适应企业的具体需求。

…………

五、企业刑事合规举报制度

目前检察机关试点的刑事合规不起诉的政策中，企业是否建立有效的合规体系是检察机关作出是否起诉决定的重要考量因素之一。而企业有效合规计划中内部举报制度又是必不可少的组成部分，同时内部举报制度也是企业能够有效发现和防范不当行为的重要方式。

自2020年以来，全国数十个省市开展了刑事合规不起诉试点工作。刑事合规不起诉，是指涉嫌犯罪的企业如果在考察期间内建立有效的合规计划，并严格执行，在考察期结束后检察机关会综合合规计划的有效性和可执行性，并结合犯罪情节等作出是否起诉该企业的决定。要达到合规不起诉的要求，核心是建立有效的合规计划，有且只有构建完整、有效的刑事合规计划，才能使企业从合规管理中受益，并且在之后的经营过程中避免相同的刑事风险发生。刑事合规计划实质是由一系列制度、方案所构成的，其中的每一个制度都环环相扣，缺一不可。就企业内部举报制度而言，该制度是企业及时发现内部违法违规隐患的重要起点，也是避免企业丧失自我纠错机会及尽可能维护企业声誉的重要保护制度。

(一)概述

企业刑事合规是一种以刑事合规风险防控为导向的公司治理体系。[1]对于企业赢得良好信誉、获取商业机会、增强竞争优势而言，企业刑事合规越来越成为企业经营的“软实力”。[2]企业刑事合规举报制度是为了防止和打击企业内部的违法犯罪行为而建立的一套制度和机制，其制定的目的是促进企业内部的合规文化建设，及时发现和处理违法犯罪行为，保障企业的

---

〔1〕 参见陈瑞华:《论企业合规的基本价值》，载《法学论坛》2021年第6期。

〔2〕 参见陈瑞华:《论企业合规的中国化问题》，载《法律科学(西北政法大学学报)》2020年第3期。

合法权益，维护社会公正和稳定。通过建立和完善企业刑事合规举报制度，企业能够促进内部合规文化建设，预防违法犯罪行为，维护企业的声誉和利益，提高员工参与治理的积极性和合规意识。

（二）刑事合规举报制度的重要性

企业建立刑事合规举报制度优势有两点：第一，企业内部往往最易发现企业中存在的违法违规行为，生产、销售、财务、法务等部门员工对本行业及部门存在的不当行为最为了解，而不当行为被揭露得越早，公司法律风险和经济损失发生的可能性也越小；第二，企业内部举报是衡量公司内部合规制度完整性和有效性的重要标准之一。内部举报制度的有效建立可使公司及时了解企业经营发展过程中存在的合规问题，并能迅速进行展开调查、应对，这也能使公司避免未来面临“失控”的局面。在合规体系建设中，必须在合规人员与所有员工之间建立和维持有效的沟通渠道，该渠道即包括内部举报投诉程序。开放的沟通渠道可以增进员工对管理层的信任，进而对公司经营产生正面影响。某项调查指出，[1]积极使用内部报告系统的公司面临的重大诉讼较少，和解金额也低于忽视或较少使用该渠道的公司。如果不当行为被提前报告，则企业可以在问题严重化和扩大化前妥善解决，这也减少了未来可能给企业带来的诉讼成本。

（三）刑事合规举报制度的基本原则

制定刑事合规举报制度的基本原则是为了确保举报的公正性、客观性以及保护举报人的合法权益。其基本原则包括以下几个方面。

（1）保密性原则：刑事合规举报制度应保障举报人的个人信息和举报内容的保密性。举报人的身份和相关信息应仅限于需要知情的人员，并采取适

〔1〕 参见 Research：Whistleblowers Are a Sign ofHealthy Companieshttps：//hbr.org/2018/11/research-whistleblowers-are-a-sign-of-healthy-companies，最后访问日期：2023 年 12 月 19 日。

当的措施保护其隐私。此外，应允许举报人选择匿名的方式进行举报。这样可以避免举报人受到来自举报对象或其他方面的威胁、报复或不当干预。

（2）便捷性原则：企业应提供多种举报渠道，如电子邮件、网页、电话热线等，确保举报人能够方便快捷地提交举报信息。

（3）独立公正原则：刑事合规举报的调查和处理组织或者人员应与被举报人不存在相关的利害关系，以确保其可以对举报内容进行客观、公正的处理，不偏袒任何一方，维护公平正义。

以上原则在刑事合规举报制度的设计和操作中起着重要的指导作用，可帮助企业确保举报制度的公正性、透明度和保护举报人的权益。[1]及时发现企业内部违法违规行为并进行处理，维护企业的合法权益和声誉。

（四）刑事合规举报制度的基本内容

1. 举报主体

为了最大限度地鼓励举报行为，举报主体的范围应该被尽可能广泛地界定。因此，除企业员工外，企业举报制度涵盖的主体还应当包括企业高管、前职员、供应商等所有知情人。其中，企业的高管、前员工、供应商和经销商可能同样知悉或了解企业的不当行为，其向执法部门披露公司存在的不当行为会给企业带来更为严重后果。

2. 举报途径（见表 4–1）

表 4–1　举报途径

举报途径	优势	劣势
举报热线	根据举报人反映的信息进行即时、有效沟通，确认举报人反馈的情况和诉求，避免歧义； 匿名的方式可以给举报人带来安全感	需专人负责电话接听，若该人缺乏法律技能，能不能有效地记录或对举报事件进行询问。同时，若该人系公司内部员工，对举报人而言亦会担心身份会被揭露

〔1〕 参见谢向英律师团队：《企业合规之举报制度》，载“刑事合规观察”微信公众号，2021 年 8 月 5 日发布。

续表

举报途径	优势	劣势
在线举报平台、举报邮箱、信箱	定期高效整合举报信息，人工成本相对较小； 匿名的方式可以给举报人带来安全感	举报人可能对举报事实描述不清，但对其他不相关的细节详细描述，不能形成有效举报，使企业无法立即展开调查，而举报人却可能认为公司包庇或故意不展开调查
公开讨论	根据举报人反映的信息进行即时、有效沟通，确认举报人反馈的情况和诉求，避免歧义； 直接整合多方信息，进而高效处理	企业和员工个人之间的权力差异、保护政策的不确定性使公开讨论的方式可能给举报人形成压力
总经理接待日	根据举报人反映的信息进行即时、有效沟通，确认举报人反馈的情况和诉求，避免歧义； 最高负责人直接对接，拓展员工举报路径	对举报人的身份并不能提供很好的保护。另外，如果被举报人系高管或其他与总经理关系密切人员，举报人对公司展开调查的可能性及有效性同样会存在疑虑
第三方机构专门负责	第三方机构人员经验丰富，处理过程更为专业； 能够及时有效发现企业存在的问题，分析和甄别违法信息； 可结合相关举报信息提供后续调查、取证服务	企业负面信息可能被第三方机构知晓，必须签订保密协议

3. 举报程序

（1）提交举报。举报人通过指定的渠道提交举报，可以选择匿名举报或实名举报。举报时应提供具体的事实和证据，以便能够进行调查核实。

（2）接收举报。指定的接收人或部门负责接收并记录举报信息，确保及时、准确地接收到举报内容，并为举报人保密举报信息。

（3）举报信息初步审查。首先，对举报信息进行初步筛选，排除跟刑事合规无关或无法核实的举报。同时，鉴别是否涉及敏感信息或涉及隐私的情况，需要采取措施保护举报人的隐私权。其次，对通过初步筛选的举报信息进行核实，收集相关证据和材料，如文件、记录、录音、视频等，确保举报具备一定的真实性和可信度。

（4）举报信息调查。首先，制订相应的调查计划，明确调查的目的、范围和方法，确定负责调查的人员、时间和资源，确保调查工作有序进行。其次，对相关当事人进行调查访谈，收集证据和材料；可以调取监控录像、电子数据等，以获取更多的证据支持。最后，对收集到的证据进行分析，排除不实信息和矛盾之处，形成调查结论，并记录整个调查流程。

（5）举报处理。首先，根据调查结果，对涉嫌刑事违法行为或违反道德规范的当事人进行评估，确定是否成立违规行为，并评估其严重性和后果。其次，依据企业的内部制度和相关法律法规，采取相应的处理措施，如纪律处分、辞退、报案等，同时确保处理措施合规、公正和公平。最后，向举报人及相关当事人及时通报调查结果和处理决定，保护举报人合法权益，并传递企业对违规行为的“零容忍”态度。企业刑事合规举报处理和反馈机制的建立和运行需要遵循合规原则，并根据企业的特定情况进行具体设计和实施。同时，应注重公平、公正、透明的原则，确保所有当事人的权益得到保护和尊重。[1]

（6）责任追究。对于确认的刑事违法行为或道德违规行为，应依法依规对其采取相应的纪律处分、法律追究等处理措施，并向举报人及相关当事人及时、准确地反馈调查结果和处理决策，保护举报人合法权益，同时传递企业对违规行为的态度和“零容忍”原则。而对于虚假举报或恶意举报的行为，也应当采取相应的纪律或法律措施，依法追究其责任。

（7）处理结果跟踪。对举报事项处理完成后，应当对处理结果进行跟踪评估，掌握处理措施的后续执行情况，举报的问题是否得到彻底解决，避免类似的违规行为再次发生。

（8）评估和改进。企业还应当对刑事合规举报处理流程和机制进行定期评估和改进。根据本企业的实际情况，修订和完善企业举报制度，提高刑事合规举报处理的效率和效果。

以上是一般的企业刑事合规举报信息收集和调查流程，具体流程可根

---

〔1〕 参见张远煌、秦开炎：《合规文化：企业有效合规之实质标准》，载《江西社会科学》2022年第5期。

据企业的规模、行业性质和内部制度进行调整和完善。在进行调查过程中，需要充分尊重法律程序，保护当事人的合法权益，确保调查的公正性和客观性。[1]

另外需要注意的是，企业在建立刑事合规举报制度时，应明确相关程序，并注重保护举报人的隐私和安全，同时确保举报制度的公正性和有效性。确保举报渠道的畅通、举报程序的规范性，以便更好地发现和处理违法行为。

4. 举报保护与奖惩机制

企业在刑事合规举报制度中，为了保护举报人权益和激励员工参与，应当采取相应的保护和奖惩机制。[2]

（1）举报保护。企业举报途径的设置应当以保护举报人为导向。在部分国家的立法和实践中，"受保护的举报人"的范围可能十分狭窄，甚至可能被设定一定的保护门槛。美国最高院审理的"数字房地产信托公司诉Somers"案[3]中，法院认为如果举报人向公司内部举报而非直接向美国证券交易委员会（SEC）举报，则不属于"吹哨人"，因而不受《多德—弗兰克法案》（Dodd-Frank Act）反报复条款的保护；澳大利亚处理公司内部举报人时提出"善意要求"，只有善意的举报才能够得到保护，由举报人承担举证责任，这在一定程度上削弱了对外举报的积极性。不同于国家层面对举报人的保护，企业内部建立举报制度时必须加强对举报人的保护，同时也应适当降低对举报人的各项要求，鼓励举报人首先使用内部报告渠道，以便为公司内部解决问题提供机会。企业的合规部门或工会可以设立专员对举报人进行保护，或者通过对部门负责人进行培训、在部门设立合规小组等，对本部门的举报人进行保护，禁止对举报人进行报复，杜绝举报人可能遭受的不公平对待。参照美国《萨班斯—奥克斯利法案》（Sarbanes-Oxley Act），如果员

[1] 参见陈瑞华：《中兴公司的专项合规计划》，载《中国律师》2020年第2期。

[2] 参见尹庆：《有效合规计划之内部举报制度》，载"IPO合规智库"微信公众号，2021年8月6日发布。

[3] See Digital Realty Trust, Inc. v. Somers 583 U.S.（2018）.

工因举报受到报复，则可以向美国劳工部（Department of Labor）提起申诉，进而可以复职、获得拖欠工资和其他补偿。因此，企业可以对举报人进行回访或允许其随时向合规部门或工会寻求帮助，对受到不公正对待的举报者提供补偿。当然，鼓励保护举报人并不等于盲目鼓励举报行为，如果举报人出于心怀不满而告发所谓的“不当行为”，意图给企业制造麻烦时，企业可以根据经验，综合举报人的背景、获得举报信息的渠道等，判断其是否属于恶意举报。如果确认举报人恶意诽谤，企业亦应当进行审慎、严肃处理，并及时对举报人的举报信息予以澄清。实践中，员工如果向执法机关进行举报会获得额外的奖励，而执法机关的调查对企业而言意味着将面临较大的风险。但是，举报人直接向执法机关进行举报，执法机关可能由于各种原因，导致举报人的信息泄露，所以企业如果希望员工尽可能地在公司内部进行举报，必须发挥企业内部对举报人进行保护的优势，结合不同举报途径的特点，确保举报人信息不被泄露。

（2）举报奖惩机制。企业对于提供真实有效举报的员工应当给予相应的奖励，如奖金、荣誉表彰、晋升等，以激励员工参与刑事合规举报；对于涉嫌违法行为或违反道德规范的员工，根据调查结果给予相应的纪律处分，体现公正和严肃处理的原则；对于虚假举报或恶意举报的行为，依法对相关员工采取相应的纪律或法律措施，以动摇举报的诚信性和可信度。需要注意的是，在奖惩机制的设计中，要确保公正、公平、透明的原则，并遵循法律法规的规定。同时，在实际操作中，企业还应加强宣传教育，提高员工对举报保护和奖惩机制的认知和理解，从而形成良好的企业文化和合规氛围。

（五）企业建立刑事合规举报制度的建议

企业和员工个人之间的权力差异、保护政策的不确定性、举报机制和文化障碍可能成为员工内部举报的阻碍。激励举报人选择在企业内部进行举报而不是直接向政府部门反映，需要良好的企业文化以及完善的制度保障进行加持。举报的便利性和保护机制应当成为公司内部控制、道德和合规计划的中心支柱，并被纳入企业文化中。

1. 培育举报环境和合规文化

企业应当加强对合规制度的宣传，将合规建设作为企业文化的一部分，企业内部鼓励举报的氛围有助于企业勇于纠错，及时处理、改正内部违法违规行为。举报环境和合规文化应当贯穿企业高层和普通员工，上行下效，减少举报者的顾虑，为举报人的举报行为提供动力。

2. 拓宽举报途径

笔者在前文列举多项举报途径，并对不同举报途径的利弊进行分析。实践中，企业可以综合不同举报途径的特点，合理设置接洽举报人的方式。例如，在设置举报热线的同时开发在线举报平台，如果在线平台的举报信息语义不明，则可约定电话沟通时间进一步了解；由企业内部和第三方共同组成举报处理机构，企业内部人员对经营的了解配合第三方机构专业的经验，可以妥善处理举报问题。

3. 降低举报门槛

在国家立法层面，出于执法效率等方面的考虑，可能对举报行为设置一定的要求，例如，我国《市场监督管理投诉举报处理暂行办法》要求举报人提供投诉人姓名、电话等个人信息和举报内容的具体线索，并对举报内容的真实性负责。但不同于国家层面的举报处理，企业面对的举报情形与本企业经营息息相关，应当尽量降低举报门槛和要求，在初步确认举报信息真实性的情况下即刻展开调查。

4. 健全奖励和保护机制

企业可以直接将举报渠道设置为接收匿名举报信息，或是在收到举报信息后，对举报人的个人信息进行匿名。除此之外，还应当对举报人提供的举报内容、证据进行保密。在调查结束后，应当确保举报人不受骚扰、威胁、侮辱等打击报复，可以设置专门机构对举报人进行保护，密切关注举报人后续的工作情况，消除举报人的后顾之忧。一旦企业确认举报信息，处理举报内容后，可考虑对举报人的举报行为进行奖励，包括但不限于物质奖励、职位晋升、带薪假期等，在举报合规文化成熟的情况下，也可以选择对举报人进行公开表彰，在企业内部形成良性循环。

5. 及时进行反馈

举报制度的设置不能流于形式，应当及时对举报人反映的情况展开调查。无论调查结果如何，企业都应当及时反馈和公开调查结果，公布处理信息，否则将会影响举报人对不合规行为举报的积极性。作为合规计划的一部分，举报制度本身也应当被定期评估，以确保其有效性。

通过采取上述措施，企业可以优化刑事合规举报制度，增强举报制度的可信度和有效性，并建立一种积极向上的合规文化。〔1〕

企业内部举报制度是企业合规计划中必不可少的组成部分，亦是刑事合规计划有效性评价的重要考量因素之一。因此，企业在建立有效合规计划过程中应建立一套完备的合规举报制度，通过成员之间、企业内部与外部伙伴之间的相互监督来最大化地降低企业的合规风险，让企业内部举报制度真正发挥效用，推进合规计划的有效执行。举报制度应与其他企业合规制度和流程相衔接，形成一个完整的风险控制体系。举报制度的运营要遵守国家法律法规和行业规范，确保合规性。〔2〕

示例九

企业刑事合规举报制度

第一章 总 则

第一条 为了进一步提升企业刑事合规管理水平和刑事风险防范能力，畅通举报渠道，有效预防和及时惩治各种违纪违规行

〔1〕 参见尹云霞、李晓霞：《中国企业合规的动力及实现路径》，载《中国法律评论》2020 年第 3 期。

〔2〕 参见韩轶：《企业刑事合规的风险防控与建构路径》，载《法学杂志》2019 年第 9 期。

为，保障企业持续健康发展，特制定本制度。

第二条　本制度所称的举报是指举报人通过书信、电话、电子邮件、当面投诉等方式，向企业纪检部门、合规管理部门反映情况、提出建议、意见或者举报违纪违规事项，企业纪检部门、合规管理部门依纪依规进行调查处理的工作。

第三条　举报主体包括但不限于企业员工、商业合作伙伴、客户及其他相关方及人员等，上述主体有权对可能涉及欺诈、胁迫、贿赂、串通及其他不正当或违反企业合规管理制度的可疑线索进行举报。

第四条　企业的纪律检查部门负责受理投诉举报，首席合规官是企业合规性问题、投诉举报信息调查和处理的主要负责人。

第五条　企业刑事合规举报制度应当遵循实事求是、客观公正、严格保密、保障权益、及时办理的原则。

第二章　举报方式

第六条　举报人进行举报的方式包括但不限于书信、电子邮件、电话、当面投诉举报等。

第七条　企业设立统一的举报热线、电子邮件等用于接收举报信息，并将热线电话、电子邮件的地址以适当的形式予以公告。

第八条　举报人可以选择向企业纪检部门或者合规部门进行举报。如果向纪检部门举报有所顾忌，则可以选择向首席合规官或者合规部门的其他任意成员进行举报。首席合规官或者合规部门其他成员接到举报后应当立即将举报内容予以记录，并交由企业合规部门或者纪检部门调查处理。

第三章　举报调查处理

第九条　企业纪检部门应当安排专人负责记录举报信息，建立台账，及时受理各类举报事项，并按照举报信息的具体内容，将其按照合规性问题或者纪检类问题进行分类处置。

第十条 接受举报人当面举报的，应当分别单独进行，接待人员应当根据举报人提供的举报信息进行如实、详尽的记录，经过举报人同意可以对举报内容进行电话录音。

第十一条 接受举报人电话举报时应当耐心仔细，询问清楚，如实记录，经举报人同意可以对通话内容进行录音。

第十二条 接受举报人信函、电子邮件和提交的书面材料举报的，应当逐一拆阅、下载、登记并及时处理。

第十三条 企业纪检部门在接到举报后，对属于纪检类问题的举报应及时按照企业规定的程序要求移交纪检组织调查处理，对属于其他合规性问题的举报应当自接到举报之日起2天内向首席合规官报告，并按照首席合规官的要求于1天内将相关举报线索和材料移送合规管理部门。合规管理部门应安排专人负责纪检部门的移送登记工作。

第十四条 首席合规官及调查人员在对举报事项进行调查的过程中有权约谈涉事人员、商业伙伴和员工以外的第三方，收集文件材料等证据。企业员工及所属部门应当予以积极配合。

第十五条 相关部门、单位应当在规定时限内按照程序及时对举报事项进行调查。对属于纪检类问题的举报，由企业纪检组织按照相关程序进行调查。对属于其他合规类问题的举报，通常情况下，合规管理部门或首席合规官应当在一个月内调查完成。

第十六条 根据举报事项所涉行为内容的不同，按照下列程序处理：

（一）举报事项涉及的不当行为仅违反党纪，则由纪检部门按照相关程序进行调查，提出处理建议报企业相关会议研究处理。如果举报事项涉及企业高管及班子成员，纪检部门还应当将情况向上级纪检部门报告。

（二）举报事项涉及的不当行为仅违反企业合规管理制度，则由企业首席合规官负责对不当行为进行调查，并将调查结果提交给相应会议研究处理。

（三）举报事项涉及的不当行为仅违反企业除了党纪或者合规制度之外的其他规定，则由纪检部门对不当行为进行调查，并将调查结果提交给企业相应会议研究处理。

（四）举报事项涉及的不当行为同时违反企业党纪、合规制度、其他规定，则由纪检部门和首席合规官联合开展调查，并将调查结果和处理建议提交给企业相应会议研究处理。

（五）举报事项涉及的不当行为涉嫌犯罪，并同时违反企业合规管理制度的，除了按照法定程序移送司法机关外，还应当根据前文规定的程序追究其责任。

（六）涉及对员工解除劳动合同的处理事项应当遵循民主原则，事先通知企业工会。

第十七条　举报事项调查完毕后，首席合规官应当及时将调查结果和处理意见提交给企业合规委员会审核。合规委员会审核通过后，由首席合规官将调查和处理结果通知举报人并按照处理意见开展执行工作，对违规行为人或未能及时采取防范措施防范风险的责任人员进行处罚。

第四章　保护与奖惩

第十八条　企业鼓励实名举报，但不排斥匿名举报。举报人可以自主决定采取实名举报或者匿名举报的形式进行举报。举报人采取实名举报方式进行举报的，受理举报的部门或人员应当对举报人的个人信息严格保密。

第十九条　受理举报的部门或者人员应当对举报人提供的举报信息资料严格保密，并予以妥善保管，严格规范举报资料的传递途径，严格控制知情人员的范围。如果需要对举报信息资料进行核实的，应当在不暴露举报人个人信息的前提下进行。

第二十条 与投诉举报内容或者投诉举报人、被投诉举报对象有直接利害关系的人员应当回避。对因工作不当造成泄密，导致举报人员遭受打击报复的，应当严肃追究相关人员的责任。

第二十一条 任何单位、个人不得以任何借口阻拦、打压有正当举报事由的举报人或者对举报人及其近亲属采取隐性的或者明显的、公开的或隐秘的减薪降职、转岗或辞退等形式进行打击报复。一经发现，将对实施打击报复者予以严厉惩处。

第二十二条 经调查举报事项属实，违纪违规者受到相应的惩处，并为企业减轻或挽回损失的，可依据企业相关奖励制度对实名举报人给予奖励。

第二十三条 举报事项经调查属实，对违规违纪行为人或未能采取防范措施防范风险的人员应当依据企业员工奖惩管理办法及其他相关规定进行惩处。

…………

附　　则

本制度最终解释权归企业合规管理部、纪检部门所有。

本制度自下发之日起执行。

六、企业刑事合规专项整治与自查

本书讨论的企业专项整治与自查是指企业内部的刑事合规专项整治与自查，企业根据自身的业务特点和风险状况，制定并执行针对性的合规计划，检查和纠正可能存在的违法犯罪行为，提高合规管理水平，防范和减少刑事风险的活动。

企业内部的刑事合规专项整治与自查应当遵循以下原则：以预防为主，以整改为辅，以效果为导向；以法律为依据，以风险为导向，以制度为保障；

以自愿为前提，以诚信为基础，以协作为手段；以实际为出发点，以问题为导向，以改进为目标。

企业开展刑事合规专项整治与自查工作，首先，应当制定专项整治与自查计划：这一步是为了明确企业的合规目标和任务，制定合理的整改措施和时间表，分配合规责任人和团队，确保合规整改的顺利进行。企业应当根据自身的业务特点和风险状况，制定符合实际的合规整改计划，不要"一刀切"或敷衍了事。

其次，开展合规风险识别：这一步是为了分析企业可能涉及的刑事风险领域和犯罪成因，找出企业的合规薄弱环节和隐患。企业应当采用多种方法，如问卷调查、访谈、数据分析等，对企业的各个部门和业务进行全面的风险识别，制定风险评估表，对风险进行分类和排序。

再次，开展合规风险自查：这一步是为了检查企业是否存在违法犯罪行为或隐患，如实报告发现的问题。企业应当对照风险评估表，对企业的各个部门和业务进行深入的风险自查，收集和保存相关的证据和资料，如合同、发票、账目、通讯记录等，如实记录和反馈自查结果，不要隐瞒或掩盖问题。

复次，开展合规风险整改：这一步是为了针对自查发现的问题，采取有效的整改措施，消除或减少刑事风险，完善合规管理体系。企业应当根据自查结果，制订具体的整改方案，明确整改责任人和时限，落实整改措施，如修改或废止不合规的合同、规章、流程等，加强或建立合规的监督、审计、培训等机制，及时跟进和汇报整改进展，确保整改效果。

最后，进行整治与自查后的合规风险评估：这一步是为了对整改效果进行评价，检验合规管理体系的有效性，提出改进意见和建议。企业应当对整改后的企业进行再次的风险评估，比较整改前后的风险水平和合规状况，分析整改的优点和不足，总结整改的经验和教训，提出合规管理的改进措施和建议，形成合规整改报告，提交相关的部门和机构。

示例十

企业刑事合规专项整治与自查方案

第一章　企业刑事合规专项整治与自查的目的和意义

第一条　企业刑事合规专项整治与自查是指企业针对自身可能涉及的刑事风险，按照国家法律法规和行业规范，制定并实施一系列有效的预防、控制和纠正措施，以避免或减轻刑事责任的一种管理活动。企业刑事合规专项整治与自查的目的和意义有以下几点：

（一）保护企业和企业相关人员的合法权益，防止因违法犯罪行为而遭受刑事处罚、经济损失和声誉损害。

（二）促进企业依法合规经营，提高企业的社会责任感和信誉度，增强企业的竞争力和可持续发展能力。

（三）配合国家司法机关的监督管理，积极配合国家司法机关对涉嫌刑事违法事件的调查和处理，体现企业的诚信和合作态度。

（四）响应国家政策导向，适应最高人民检察院等九部门联合发布的《关于建立涉案企业合规第三方监督评估机制的指导意见（试行）》（下称《指导意见》），按照《指导意见》要求建立健全企业刑事合规体系，并接受第三方监督评估。

第二章　企业刑事合规专项整治与自查的主要内容

第二条　发现并完善与企业涉嫌犯罪有密切联系的企业内部治理结构、规章制度、人员管理等方面存在的问题，并将其纳入企业年度工作计划。包括环境保护制度、环境风险评估制度、环境应急预案、环境监测制度、环境信息公开制度、发票管理制度、税务管理制度、财务报销制度、资金管理制度、会计账簿规范管理制度等。

第三条　设立或完善专门负责刑事合规工作的机构或人员，并明确其职责、权限和考核方式。

第四条　设立刑事合规委员会或刑事合规部门，由公司高层领导担任主要负责人，下设若干专职或兼职的刑事合规人员，分别负责不同领域或部门的刑事合规工作。

第五条　明确刑事合规机构或人员的职责包括：组织制定和实施刑事合规计划，开展风险识别、评估和控制，组织教育培训、激励约束和监督检查，建立举报、投诉、咨询等渠道，建立内部审计、监察等机制，建立与外部利益相关方和国家司法机关的沟通协调机制。

第六条　明确刑事合规机构或人员的权限包括：对公司各部门和员工进行刑事合规检查和督促，对发现的违法违规行为提出整改意见和建议，对重大违法违规行为进行调查并向公司高层领导报告，对涉嫌犯罪行为及时向国家司法机关报告并积极配合调查处理。

第七条　明确刑事合规机构或人员的考核方式包括：按照年度工作计划设定具体的目标和指标，定期进行自评和互评，接受公司高层领导和第三方监督评估机构的评估和审计，根据评估结果给予奖励或惩罚等。

第八条　开展针对可能涉及刑事风险的领域和环节的风险识别、评估和控制，并定期进行复核和更新：

（一）根据企业所属行业特点和历史案例分析，确定可能涉及刑事风险的领域和环节，并依照风险的可能性和严重性，对风险进行分级和排序，确定重点防范和控制的风险。

（二）根据风险的特点和原因，制定相应的控制措施，如加强内部审计、监察和监督，规范业务流程和操作规范，完善内部控制体系和风险管理体系，加强员工教育培训和激励约束，建立有效的举报、投诉、咨询等渠道等。

（三）根据企业经营状况和外部环境变化，定期对风险识别、评估和控制进行复核和更新，及时发现新的风险或原有风险的变化，并相应调整控制措施。

（四）开展针对可能涉及刑事风险的员工或其他相关人员的教育培训、激励约束和监督检查，并建立相应的奖惩机制。

第九条 根据员工或其他相关人员的职位、职责、业务范围等，确定教育培训的对象、内容、方式、频次等，如对高层领导进行刑事合规理念和政策法规的培训，对业务人员进行刑事合规操作规范和案例分析的培训，对新入职或调岗人员进行刑事合规入职或岗前培训。

第十条 根据员工或其他相关人员的工作表现和刑事合规情况，确定激励约束的方式、标准、程序等，如对刑事合规表现优秀的人员给予表彰或奖励，对刑事合规表现不佳或违法违规的人员给予批评或惩罚。

第十一条 根据员工或其他相关人员的工作特点和风险程度，确定监督检查的方法、频率、范围等，对高风险岗位或部门进行周期性重点监督检查，对低风险岗位或部门进行随机抽查。

第十二条 建立并完善内部举报、投诉、咨询等渠道，并保护举报人、投诉人、咨询人的合法权益：

（一）建立专门的举报电话、邮箱、信箱等渠道，接受内部员工或外部利益相关方对企业可能涉及刑事风险的行为或问题进行举报、投诉或咨询。

（二）明确举报、投诉、咨询的受理范围、条件、程序等，并及时回复处理结果。

（三）保证举报人、投诉人、咨询人的信息安全和隐私保护，并对其给予必要的奖励或保护。

第十三条　建立并完善内部审计、监察等机制，并及时发现并纠正违法违规行为。

（一）设立专门的内部审计部门或人员，定期或不定期对企业各部门和员工的业务活动、财务状况、合规情况等进行审计。

（二）建立有效的内部沟通和反馈机制，及时向公司高层领导报告审计、监察的结果和建议，并督促相关部门和人员进行整改。

第三章　企业刑事合规专项整治与自查的操作步骤

第十四条　制定或修订企业刑事合规计划，明确整治与自查的目标、范围、方法、标准、流程、责任分工、时间安排等，并报公司董事会审批。

第十五条　组织实施企业刑事合规计划，按照计划要求，开展各项整治与自查工作，并形成相应的工作记录和报告。

第十六条　对整治与自查工作进行总结评估，分析整治与自查工作的效果和存在的问题，并提出改进措施和建议。

第十七条　将整治与自查工作的总结评估报告报公司董事会，并向第三方监督评估机构提交。

第十八条　根据第三方监督评估机构的意见和建议，进一步完善企业刑事合规体系，并定期进行跟踪检查和反馈。

第四章　企业刑事合规专项整治与自查的注意事项

第十九条　企业刑事合规专项整治与自查应当以预防为主，打击为辅，以防控刑事风险为目标，以促进企业依法合规经营为导向。

第二十条　企业刑事合规专项整治与自查应当以实际行动为主，形式为辅，以解决实际问题为重点，以提高实效为标准。

第二十一条　企业刑事合规专项整治与自查应当以全面覆盖为原则，分类指导为方法，以涵盖所有可能涉及刑事风险的领域和环节为要求，以因地制宜、因行适度为策略。

第二十二条 企业刑事合规专项整治与自查应当以诚信合作为基础，自律监督为手段，以积极配合国家司法机关的监督管理为义务，以建立良好的社会信用为目标。

…………

第五章 企业刑事专项合规管理制度

本书探讨的企业刑事专项合规管理制度是指企业为了预防和应对可能涉及的刑事风险，结合企业所处的特定行业或领域，针对重点岗位用工、环境污染、商业贿赂、安全生产、数据、财税等专项制定。企业刑事专项合规管理制度的目的是促使企业及其员工遵守刑法的规定，确保企业利益不受违规行为的损害或者使这种损害尽量降到最低，同时也为了响应国家的合规监管要求，提高企业的社会责任和信誉。

一、重点岗位用工合规风险及其防范

（一）企业重点岗位的概念及范围

企业重点岗位是指在组织运营中起到关键作用的职位，通常包含：（1）企业的高层管理岗位，如 CEO、CFO、COO 等，负责制定和执行企业战略，领导和管理整个组织。（2）销售和市场营销岗位，负责企业的市场推广和销售业务，包括销售经理、销售代表、市场专员等。（3）关键技术岗位：如高级工程师、资深研发人员等，负责企业的技术创新和产品开发。（4）财务和会计岗位，如财务经理、财务分析师、会计师等，负责企业的财务管理和财务报告。（5）采购和供应链管理岗位，如采购经理、供应链专员等，负责企业的物料采购和供应链管理。（6）法律和风险管理岗位，如法务专员、合规专员等，负责企业的法律事务和风险管理。（7）人力资源岗位，如人力资源经理、招聘专员等，负责企业的人力资源管理和员工关系。

（二）重点岗位刑事高发风险

1. 高管岗位风险

高管如董事、监事、高级管理人员的招聘、薪酬、离职等环节可能存在的风险，如胜任能力不足、违反竞业禁止义务等。依据2020年北京市一中院发布的《北京一中院涉公司高管劳动争议十大典型案例》之七，杜某于2014年8月11日入职某金融公司，先后担任总经理助理、董事会秘书。入职时双方签订劳动合同并约定了竞业限制条款。2016年3月21日，双方签署《解除劳动合同协议书》，约定：双方原签订的竞业限制等协议继续有效。后某金融公司以杜某在职期间成立竞业公司为由诉至法院，要求其返还竞业限制补偿金。法院经审理认为，杜某在职期间及离职后均未履行竞业限制义务，某金融公司无须向其支付相应补偿，杜某应当向公司返还已经支付的竞业限制补偿金，并支付违约金。法官释法对负有保密义务的劳动者，用人单位可以在劳动合同或者保密协议中与劳动者约定竞业限制条款。对于公司高管而言，更应当遵守诚实信用原则，履行忠实义务。即使在职期间用人单位与公司高管未就竞业限制进行专门约定，公司高管亦不能违反诚实信用原则，从事竞业行为，损害公司利益。公司高管违反竞业限制约定的，应当按照约定向用人单位支付违约金。

2. 人力资源岗位风险

企业人力资源部门主要负责员工招聘、入职、离职、劳动合同签订与解除等事务，实践中易出现因员工入职背景审查不严，导致某些别有用心的不法分子进入企业进行违法犯罪活动。

3. 财务岗位风险

财务岗位风险，是指某些岗位因其特殊性，有一定的概率出现工作差错或营私舞弊等，可能给企业带来一定的损失。财务岗位风险形成的原因，主要有两个方面：一是相关财务制度、业务流程不完善，或者制度和流程较为完善但实施不到位，导致财务工作容易出现差错，为个别动机不纯的人“钻空子”留下了漏洞；二是个别财务人员业务水平较差或者思想道德存在问题，不能较好地履行自己的岗位职责，甚至有损害单位利益而谋取私利的行为。企业财务岗位风险主要有四类，一是工作差错，是指财务人员在处理业务过程中，由于工作不细致、不严谨，可能造成资金收、付出错，以及财务数据混乱、会计信息失真等；二是营私舞弊，是指财务人员利岗位便利，采取贪污、挪用、内外勾结等手段，违纪违法、损公肥私；三是财务监督不到位，是指财务人员没有切实履行自己的财务监督职责，对在本岗位所发现的企业内部存在的问题听之任之，事不关己、高高挂起；四是财务管理不到位，财务人员由于工作态度消极或业务素质低下，不能在资金管理、预算管理、成本费用管理、税务筹划等方面进行改进和加强，不能为企业的生存和发展出谋献策，不能为管理层的决策提供有效的财务支持。

4. 采购岗位风险

采购部门负责与供应商的沟通、谈判和交易，这个过程中涉及多个环节和大量的资金流动。这种复杂性为腐败行为提供了机会，关键职能岗的员工可以在这些环节中利用职权谋取私利。

5. 关键技术岗位风险

员工违反商业秘密保护规定，侵害公司合法利益。在中睿宏智汽车技术（深圳）有限公司（以下简称中睿宏智公司）与闵某劳动合同纠纷一案中，闵某于 2019 年 3 月 25 日入职中睿宏智公司，双方签订了期限为 2019 年 3 月 25 日至 2022 年 3 月 25 日的书面劳动合同，工作岗位为软件工程师。双方于 2019 年 3 月 25 日签订了《劳动合同》及《保密协议》，对保密内容、保密义务及违反保密义务的责任进行了约定。然而，闵某在工作期间，向 QQ 群发送了含有公司软件部分代码的截图，披露了中睿宏智公司的技术秘密。闵某于 2019 年 6 月 4 日离职。最终，广东省深圳市人民法院判决闵某向中睿宏智汽车技术（深圳）有限公司给付违约金人民币 5738.94 元。

(三)防范重点岗位用工合规风险的措施

1. 完善规章制度。建立完善的用工管理制度,明确岗位职责、工作要求和考核标准。

2. 优化招聘流程。持续提升人才引进质量。招聘工作是影响公司发展的重要环节,招聘到优秀且合适的人,可以确保“人对事成”。企业人力资源部门应当不断探索和优化招聘流程与面试方法,为公司的长期高质量发展提供扎实有力的人才支撑。加强对求职者的背景调查,严防不法分子混入企业。

3. 内外部监督合并发力。设立内部审计部门或合规专员,对企业用工管理进行定期的检查和评估,及时发现和防范重点岗位用工风险。必要时,企业应当聘请专业的法律顾问或专门机构对本企业的重点岗位用工合规风险进行评估和应对,为企业提供专业的意见。

4. 严格执行法律法规。遵循劳动法等相关法律法规的规定,保障员工的合法权益。

企业用工合规风险的防范是一个长期且复杂的过程,需要从多个方面入手,不断完善管理体系。未来,随着法律法规的完善和监管力度的加强,企业用工合规的要求将更加严格。企业应积极应对挑战,加强自身建设,提高合规水平,以实现可持续发展。

典型案例一

爱尔康公司违法解除劳动合同案

案情简介

谢某原系基恩士(中国)有限公司销售经理,郑某 1 原系基恩士(中国)有限公司销售经理,郑某 2 原系基恩士(中国)有限公司销售主管，温某原系基恩士（中国）有限公司销售主管，李某原系基恩士（中国）有限公司销售员。

自2015年8月起，谢某在担任基某（中国）有限公司（以下简称基某公司）销售经理期间，与郑某1、郑某2、温某、李某等人，利用拓展业务、对接客户、申请引入平台公司等职务便利，多次将中航艾某实业广州有限公司（以下简称中航艾某公司）列为基某公司集采供应商，从而收受中航艾某公司给予的好处费共计人民币（以下币种均同）50余万元。

2023年，上海市浦东新区人民检察院指控被告人谢某、郑某1、郑某2、温某、李某犯非国家工作人员受贿罪，向上海市浦东新区人民法院提起公诉。

裁判结果

上海市浦东新区人民法院经审理后判决谢某犯非国家工作人员受贿罪，判处有期徒刑1年，并处罚金人民币10万元；郑某1犯非国家工作人员受贿罪，判处有期徒刑10个月，并处罚金人民币10万元；郑某2犯非国家工作人员受贿罪，判处有期徒刑8个月，并处罚金人民币10万元；温某犯非国家工作人员受贿罪，判处有期徒刑7个月，缓刑1年，并处罚金人民币10万元；李某犯非国家工作人员受贿罪，判处有期徒刑7个月，缓刑1年，并处罚金人民币10万元；违法所得予以追缴没收。

案件分析

依据我国《刑法》第163条的规定，“非国家工作人员受贿罪”是指公司、企业或者其他单位的工作人员利用职务上的便利，索取他人财物或者非法收受他人财物，为他人谋取利益，数额较大的行为。根据《最高人民检察院、公安部关于印发〈关于经济犯罪案件追诉标准的规定（二）〉的通知》第10条的规定，非国家工作人员受贿罪的立案追诉标准为3万元。

本案中，谢某、郑某1、郑某2、温某、李某作为公司的销售人员，利用拓展业务、对接客户、申请引入平台公司等职务便利，多次将中航艾某实业广州有限公司列为基某公司集采供应商，从而收受中航艾某公司给予的好处费共计人民币50余万元，构成非国家工作人员受贿罪。对于企业来说，防范重点岗位员工利用职务便利受贿，避免给企业造成重大损失至关重要，除了建立完善的预防此类犯罪的规章制度外，日常应当加强对重点岗位人员的监督管理，防范刑事风险。

示例十一

企业重点岗位用工合规管理办法

第一章　总　　则

第一条　为进一步引导企业提高重点岗位用工的规范性与合法性，建立健全企业内部规章制度、规范重点岗位用工管理行为，协力共建和谐劳动关系，根据《中华人民共和国劳动法》《中华人民共和国劳动合同法》《工资支付暂行规定》等法律法规规定，结合企业实际情况和特点，制定本管理办法。

第二条　本管理办法为企业重点岗位用工合规管理提供指导建议，为企业制定重点岗位用工合规制度提供参照，以规范重点岗位用工管理行为。

第三条　本管理办法所称重点岗位用工合规，是指企业重点岗位的用工行为符合国家法律、法规、规章、规范性文件、监管规定、行业准则以及公司章程、相关规章制度等要求。本管理办法所称重点岗位用工合规风险，是指企业在重点岗位用工行为中因违规行为引发法律责任、造成经济或者声誉损失以及其他负面影响的可能性。

第二章　合规承诺与合规管理

第四条　企业的主要决策人员和高级管理人员应当带头作出并履行明确、公开的重点岗位用工合规承诺。企业可以在内部相关管理制度中明确违反合规承诺的后果。

第五条　企业应当设置专门的重点岗位用工合规管理机构。尚不具备条件设立专门重点岗位用工合规管理机构的企业，由人事部或办公室等部门履行重点岗位用工合规管理职责，配备专职的重点岗位用工合规专员。

第六条　企业应为重点岗位用工合规管理机构、专职合规专员配置必要的资源，保证合规管理机构、专职合规专员具备足够的专业性、独立性和权威性，以保障重点岗位用工合规管理的有效实施。

第七条　企业董事长或执行董事任重点岗位用工合规负责人，领导重点岗位用工合规管理机构贯彻执行企业决策层和高级管理层对重点岗位用工管理的各项要求，全面负责企业重点岗位用工合规管理工作，协调重点岗位用工合规管理与企业各项业务之间的关系，监督重点岗位用工合规管理执行情况，及时解决重点岗位用工合规管理中出现的重大问题。企业总经理或其他高级管理人员领导或分管重点岗位用工合规管理机构，承担重点岗位用工合规管理的组织实施和统筹协调工作。

第八条　企业应当依据自身的商业模式、经营规模、用工规模和主要风险来源制定专门的重点岗位用工合规管理制度，将重点岗位用工合规纳入现有合规管理制度或企业管理制度。

第三章　重点岗位用工合规风险识别

第九条　企业发布招聘广告应符合《中华人民共和国劳动法》第十一、十二条规定，禁止对被招聘人员的种族、民族、地域、性别、身高、宗教信仰设定歧视性条款。

第十条 企业应做好重点岗位者入职体检工作，对求职者存在的潜在疾病进行了解，但不得违反规定测检乙肝五项。

第十一条 企业与重点岗位者应当遵循平等自愿、协商一致的原则，建立劳动关系并依法签订书面劳动合同。已建立劳动关系，未同时订立书面劳动合同的，应当自用工之日起一个月内订立书面劳动合同。

第十二条 企业应当避免出现与重点岗位劳动者约定超期试用期、拒签无固定期限劳动合同、向重点岗位劳动者收取财物或扣押其证件等违反《中华人民共和国劳动法》和《中华人民共和国劳动合同法》的行为。

第四章 重点岗位用工合规运行

第十三条 企业在识别风险内容的基础上，可根据自身经营规模、用工规模、组织管理体系等因素，分析和评估重点岗位用工合规风险的来源、发生的可能性、后果的严重性等，并对合规风险进行分级。

第十四条 企业应当建立健全风险处置机制，对识别和评估的各类重点岗位用工风险以及发生的风险采取恰当的控制和应对措施。对评估中发现的重点岗位用工合规风险事项，应采取有效措施及时降低该风险，必要时停止该风险行为。

第十五条 企业应当建立重点岗位用工合规咨询机制，当各部门在重点岗位用工管理中遇到重点岗位用工合规风险时，可以向重点岗位用工合规管理机构咨询。重点岗位用工合规管理机构可以根据需要聘请外部专家或第三方机构协助开展合规咨询，对企业的重点岗位用工可能存在的合规风险进行评估，同时也可向人力资源和社会保障局进行合规咨询。

第十六条 企业应当视情况建立重点岗位用工合规汇报机制，重点岗位用工合规管理机构应定期向企业决策层和高级管理层汇报重点岗位用工合规管理情况。当发生可能给企业带来重大劳动用工合规风险的违规行为时，应当及时向企业决策层和高级管理层汇报，并提出相应的对策和建议。

第十七条　企业应当建立重点岗位用工合规审核机制，重点岗位用工合规管理机构负责对企业重点岗位用工重大决策是否符合《中华人民共和国劳动法》和《中华人民共和国劳动合同法》等规定进行审核。

第十八条　企业应当采取适当方式定期评估其重点岗位用工合规体系运行的有效性，并对定期评估结果进行反馈和回应，持续更新和完善重点岗位用工合规体系。

第五章　重点岗位用工合规保障

第十九条　企业应当建立重点岗位用工合规考核机制，将合规考核结果作为企业绩效考核的重要依据，与员工的评优评先、职务任免、职务晋升以及薪酬待遇等挂钩。

第二十条　企业应当采取适当方式明确内部重点岗位用工合规举报政策，建立内部举报系统，并承诺为举报人的信息保密以及不因员工举报行为而采取任何对其不利的措施。

第二十一条　企业应投入有效资源，保障充足经费，建立重点岗位用工合规培训机制，并将重点岗位用工合规培训纳入企业管理层培训计划和培训内容。

第二十二条　企业应将重点岗位用工合规文化作为企业文化建设的重要内容，践行合规用工、保障权益的价值观，不断增强企业构建和谐劳动关系的自律意识。

第二十三条　企业应推进重点岗位用工合规管理的数字化改革，通过数字化优化管理流程，记录和保存相关信息与资料。

第二十四条　企业重点岗位合规管理机构可自行或者委托第三方机构对企业重点岗位用工合规体系运行情况进行评估，必要时可公开评估结果。

…………

第六章　附　　则

第××条　本管理办法仅对企业重点岗位用工合规作出一般性指引,不具有强制性。法律法规和上级规范性文件对企业重点岗位用工合规另有专门规定的,从其规定。

第××条　本管理办法自发布之日起施行。

二、商业伙伴刑事合规管理

(一)商业伙伴的概念与范围

商业伙伴(business partner),一般是指包括卖方、供应商、承包商(可能通过合同关系参与项目)等在内的交易合作方。在我国至今没有法律层级上的定义,国家相关部委制定的指引和办法以及国内标准化组织制定的指南,均没有作出一个统一的概念,只有个别部门有些零星规定。如《中国石化加强商业伙伴合规管理工作指引》对商业伙伴定义是,商业伙伴是指与我方存在任何业务或潜在业务、工作往来的外部法人、其他组织或自然人,通常包括供应商、客户、投资伙伴,以及咨询机构、代理机构、中介机构等其他第三方。其中,供应商,是指向我方销售商品或提供服务(劳务)的商业伙伴,如油品供应及物流服务商、生产建设用物资采购供应商、工程承包商、信息化服务供应商等。客户,是指向我方购买商品或服务的商业伙伴,如油品贸易客户、建设工程项目业主等。投资伙伴,是指以合资、合营、合作、合伙等方式,与我方共同投资设立企业或经营项目的商业伙伴,如新设企业的共同出资人、股权投资对象、股权融资对象等。又如中铁五局集团把商业伙伴分为五种:一是局的承包商、分包商、供应商和项目业主;二是局的销售、营销、税务、环境或其他方面的代理;三是局的顾问、代理、代表、中介、经销商或合资方；四是局或其控制的关联公司提供货物或服务，或与其建立类似关系的任何其他公司或个人；五是局组成联合体共同投标的合作伙伴。

（二）商业伙伴合规管理及现状

关于商业伙伴合规管理，我国尚无法律层级上的定义，国家相关部委以及国内标准化组织制定的指南，均没有作出一个统一的概念。实践中，一般是指以有效防控合规风险为目的，以商业伙伴经营管理行为为对象，开展包括制度制定、风险识别、合规审查、风险应对、责任追究等有组织、有计划的管理活动，旨在确保企业与信誉良好和资质优良的商业伙伴建立长期的合作关系。目前在商业伙伴合规管理领域，国际和国内存在明显差异。

1. 政府主管部门有关商业伙伴合规管理

我国有关商业伙伴合规管理实践起步较晚，理论研究不够深入，实践中企业对商业伙伴合规管理不够重视。2018 年国务院国资委制定的《中央企业合规管理指引（试行）》、国家发展和改革委等七部门发布的《企业境外经营合规管理指引》中，才出现有关“商业伙伴”合规管理的规范性文件。如国务院国资委《中央企业合规管理指引（试行）》第 13 条第 7 项规定，对重要商业伙伴开展合规调查，通过签订合规协议、要求作出合规承诺等方式促进商业伙伴行为合规。

2. 企业有关商业伙伴合规管理

商业伙伴合规管理目前主要限于一些大型央企，且每一个企业基于自身的行业各有其侧重。如《中国石化加强商业伙伴合规管理工作指引》《中铁五局集团商业伙伴尽职调查管理办法》，以及航空航天企业的合规管理（如航空发动机供应链合规审查内容）差异很大。以前者为代表的企业，注重商业伙伴合规管理体系建设，实操性方面较为粗线条，后者则较多参照国家发改委等七部委发布的《企业境外经营合规管理指引》（发改外资〔2018〕1916 号），更注重国际条约、国际商业惯例的合规审查内容。

(三)商业伙伴合规风险重点管控领域

商业伙伴合规风险，是指因商业伙伴选择不当或商业伙伴的不合规行为，引发企业承担法律责任、遭受行政处罚、造成经济或声誉损失以及其他负面影响的可能性。主要分为两个方面的风险，即商业伙伴选择不当风险和商业伙伴违规风险。

1. 商业伙伴选择不当风险

商业伙伴主体资格风险，是指与主体资格虚假或存在瑕疵的商业伙伴开展合作，这可能导致企业遭受商业诈骗、造成前期投入损失、丧失商业机会，甚至遭受行政处罚等风险。商业伙伴主体资格虚假或存在瑕疵通常表现为：虚构的商业主体、空壳公司、超出有效存续期间的商业主体、存续存在瑕疵的商业主体等。

商业伙伴资质风险，是指在开展对商业伙伴有特定资质要求的合作时，商业伙伴不具备该特定资质，可能导致项目成果存在质量问题，进而产生企业对外承担违约或侵权责任等风险；或可能导致企业被责令整改、行政罚款，进而产生项目停滞、前期投入损失、对外承担违约责任等风险。商业伙伴不具备特定资质通常表现为无资质、资质失效、资质等级不足、超出资质范围等。

商业伙伴关联关系风险，是指企业违反法律法规与关联方交易，可能导致国有资产流失、相关交易行为无效等风险，以及企业相关董事、监事、高级管理人员遭受行政处罚，甚至承担刑事责任的风险。《企业国有资产法》中规定的企业的关联方是指企业的董事、监事、高级管理人员及其近亲属，以及这些人员所有或者实际控制的企业。根据《公司法》《企业国有资产法》《企业会计准则第 36 号——关联方披露》等的相关规定，企业违反法律法规与关联方交易，通常表现为企业违反决策程序与关联方交易、企业与关联方进行法律法规禁止的关联交易、企业下属上市公司关联交易违反上市公司相关的法律法规等。

商业伙伴能力风险，是指合作的商业伙伴履约能力不足，可能导致项目超期、成果存在质量问题或安全隐患，进而产生企业对外承担违约或侵权责任，甚至遭受行政处罚、承担刑事责任的风险。

2. 商业伙伴违规风险

商业伙伴违规风险是指合作过程中商业伙伴的违规风险可能传导至企业，引发企业承担法律责任、遭受行政处罚、造成经济或声誉损失以及其他负面影响等。企业应重点关注商业伙伴下述违规风险：

商业伙伴的出口管制合规风险。指商业伙伴在与企业合作过程中，违反相关出口管制法律法规与政策，在未取得相关许可的情况下将管制物项提供给受限国家或地区的企业、受限主体或受限最终用户，或用于受限最终用途，导致企业可能遭受行政处罚、承担刑事责任的风险。若企业为商业伙伴违反出口管制法律法规与政策的行为提供了融资、订购、存储、处置、服务等支持或帮助，无论企业是否存在主观故意，该等支持或帮助行为均可能导致企业遭受监管处罚。该等监管处罚措施可能包括行政罚款、被列入实体清单或被拒绝人名单从而丧失从美国进口受管制物项的资格，企业高管等责任人承担刑事责任等。

商业伙伴的经济制裁风险。指商业伙伴在与企业合作过程中违反适用的经济制裁法律法规与政策，参与受制裁国家或地区的受制裁行业，与被制裁主体开展禁止性交易，导致企业可能遭受行政处罚、承担刑事责任的风险。若企业为商业伙伴违反经济制裁法律法规与政策的行为提供了融资、订购、存储、处置、服务等支持或帮助，无论企业是否存在主观故意，该等支持或帮助行为均可能导致企业遭受监管处罚。该等监管处罚措施可能包括行政罚款、被列入特别指定国民清单（SDN）从而丧失与美国企业进行交易以及使用美元的资格，企业高管等责任人承担刑事责任等。

商业伙伴反垄断合规风险。指因与商业伙伴的合作涉及垄断协议、滥用市场支配地位、具有或可能具有排除或限制竞争效果等，可能导致企业承担民事责任、遭受行政处罚等风险。企业与商业伙伴间的合作，如涉及以不公平的高价销售商品或者以不公平的低价购买商品，低于成本价销售、拒绝或限制交易、不合理搭售与歧视性交易以操纵市场等滥用市场支配地位，或签订限制商品或服务价格、产量、联合抵制交易、分割市场、限制创新等垄断协议，以及具有排除、限制竞争效果的其他违规行为，以及相关并购活动达到相关申报要求而未申报，均可能导致企业与商业伙伴的相关合作被纳入反垄断调查范围。如被调查机关认定上述合作为垄断行为，将导致相关合作被勒令停止或恢复原状，企业可能遭受行政罚款、没收违法所得等行政处罚，并需要对遭受相关损失的第三方承担民事责任。

商业伙伴反洗钱合规风险。指因商业伙伴利用与企业的合作进行或参与洗钱，可能导致企业及其董事、高级管理人员遭受行政处罚、承担刑事责任的风险。商业伙伴知悉相关业务涉及洗钱活动，甚至明知存在洗钱情形拒不报告或采取行动规避报告义务，仍为第三方提供相关服务，帮助隐瞒、掩饰相关犯罪所得，为其开展资金账户、财产形式转换（如现金、金融票据、有价证券等）、资金转移、跨境汇付、贵金属现货交易、不动产交易、资金代管、代持股等洗钱活动，可能导致商业伙伴及其董事、高级管理人员遭受罚款、勒令整改、吊销相关业务证照等行政处罚甚至承担刑事责任，从而影响与企业的业务合作；更有甚者，商业伙伴的前述行为可能使企业与商业伙伴的合作直接构成洗钱活动的环节之一，致使企业可能被认定为对洗钱活动“明知”“蓄意”，从而导致企业及其董事、高级管理人员因涉及洗钱活动而遭受行政处罚、承担刑事责任。

商业伙伴知识产权合规风险。指企业在分发、拷贝、复制、编辑、采购或以其他方式使用商业伙伴所销售、提供、出让、授权的知识产权或含有该知识产权的产品或服务时，因该知识产权存在缺陷、未能满足企业业务需要，可能导致企业内部成本增加、盈利受损的风险；因该知识产权侵犯第三方权利，可能导致企业遭受第三方要求索赔的风险；因该知识产权违反法律法规，可能导致企业遭受行政调查、行政罚款、勒令整改等行政处罚，甚至企业及其董事、高级管理人员等承担刑事责任的风险。

商业伙伴的数据保护合规风险。指因互联网服务供应商、电子信息设备供应商等商业伙伴未按照相关司法辖区适用的数据保护要求开展数据保护工作，可能导致企业在使用相关产品或服务过程中造成数据主体的个人数据被滥用、被泄露等，致使企业遭受行政罚款、暂停相关业务，甚至取消相关业务经营资格等行政处罚，造成声誉损失等风险。商业伙伴未按照相关司法辖区适用的数据保护要求开展数据保护工作，通常表现：对个人数据不合理采集与使用，未按照要求存储或传输；未给予数据主体法律规定的权利，未在相应软件及系统的隐私政策中明确告知各方权利及义务、设置相应功能，未按照法律要求披露举报机制等；使用的网络设施设备未按照相关网络安全等级保护标准要求进行建设、维护、运营；采购的相关产品与服务不符合相应网络安全要求等。

商业伙伴环境保护合规风险。指因商业伙伴相关工作的开展或其工作成果不符合环境保护要求，可能导致企业遭受项目停滞损失、额外环保费用支出，甚至承担环境损害赔偿责任、遭受行政处罚等风险。商业伙伴相关工作的开展或其工作成果不符合环境保护要求，通常表现：承担设计、施工、监督等工作的商业伙伴，未按照适用的法律法规中强制性环境保护要求进行建设项目或设施设备的规划、评估、报告、设计、建设；建设项目或设施设备完工后的验收、维护、运营未能满足相关环境保护要求；产品供应商生产、销售、提供不符合强制性环境保护要求的产品或服务等。

商业伙伴劳动用工合规风险。指商业伙伴违反适用的劳动用工法律法规，可能导致企业遭受声誉损失、业务受阻等风险。商业伙伴违反适用的劳动用工法律法规，通常表现：雇佣童工、用工歧视、强迫劳动等人员聘用方面问题；不支付或拖延支付薪资、薪酬待遇不符合法律规定等薪资待遇方面问题；欠缺用工相关保险、剥夺休息时间、强令冒险或超时作业、缺乏必要的安全生产保护措施等劳动保障方面问题；特定工种缺乏岗前培训等技能培训方面问题。

商业伙伴腐败和商业贿赂合规风险。指因商业伙伴或其相关方，为企业谋取或维系商业机会或谋取其他利益，与政府官员、客户或潜在客户等不恰当交往，被认定为存在（商业）贿赂行为，可能导致企业声誉损失、遭受行政处罚、吊销相关业务证照，甚至高管等责任人承担刑事责任等风险。

（四）商业伙伴合规管理的实现路径

1. 构建商业合作伙伴合规管理框架，实现商业伙伴合规管理有据可依。

首先，企业应以倡导合规经营理念为导向，健全合规管理架构，制定合规管理制度，完善合规运行机制，培育合规文化，形成全员重视合规经营的企业氛围。同时，要尽可能针对特定主体或特定风险领域制定具体的合规管理办法，其中包括企业应将商业伙伴合规作为企业经营理念和合规管理的重要内容，并将本企业合规文化传递至利益相关方。例如，企业可以制定反腐倡廉承诺书，要求商业伙伴的经办人签收。

其次，企业应当加强对国际组织及跨国企业有关商业伙伴合规管理制度规范的对标借鉴，持续关注国际组织及跨国企业监管要求和国际规则的最新发展，持续改进商业伙伴合规风险管理。

2. 实行商业伙伴全周期合规管理。

商业伙伴合规管理应贯穿选商、签约、履约及合作结束后评价等各环节，形成全流程闭环管理。

第一，建立完善商业伙伴准入管理机制，加强商业伙伴尽职调查，把商业伙伴的合规管理状况纳入尽职调查范围，在业务开展前，通过内外部各类渠道收集审查商业伙伴相关信息与资料，了解掌握商业伙伴自主履行其相关合同义务或承诺的能力情况及可信任程度，优选资质完备、信誉良好的商业伙伴建立合作关系。

第二，完善合同合规条款，将合规审查嵌入合同管理流程中，确保与我方建立合作关系的商业伙伴及合同内容符合我方合规管理要求，避免因该商业伙伴的不合规行为导致我方承担责任。

第三，坚持将商业伙伴合规风险监测预警作为我方法律合规风险排查处置的重要内容，加强商业伙伴履约跟踪和异常征兆动态监控，持续关注商业伙伴的资信和履约能力情况、重点合规义务履行情况，有效防控商业伙伴合规风险。

第四，构建完善商业伙伴合规风险应对处置机制。在合作过程中，如发现商业伙伴合规状态发生变化，可通过要求商业伙伴或相关方整改、出具书面承诺、提供有效担保、追究商业伙伴违约责任、中止 / 终止合作等方式，将商业伙伴合规风险控制在可承受范围内。

第五，建立健全商业伙伴评估机制。对商业伙伴的资信和履约能力、合规状态持续情况、合规义务履行情况、合规风险整改情况等方面表现进行综合评估，强化商业伙伴合规风险分级管理和重点管控，做好建档归集工作，并将考核评估结果作为合同价款结算以及后续是否与该商业伙伴合作的考量因素。

典型案例二

奥迪小满广告侵权事件

案情简介

2022 年 5 月 21 日，恰逢我国农历小满节气，一汽奥迪公司委托 M&C Saatchi 广告公司创作并推出了一则短视频广告，并聘请知名演员刘德华代言，该短视频广告一经推出便好评如潮。但随后，一位昵称为“北大满哥”的网友指控该短视频广告中的文案涉嫌抄袭其早先发布的《小满视频》，随后，奥迪公司、广告公司、刘德华先生先后向“北大满哥”致歉，并将该段视频广告在全网下架。

案件分析

对于企业来说，应当从以下几个方面加强对商业合作伙伴的合规管理:(1)企业应当加强对商业伙伴的尽职调查工作。(2)企业应当对商业伙伴的履约能力进行定期跟踪和持续评估。(3)企业应当通过业务合作合同厘清企业与商业伙伴之间的责任分摊。以本次“广告翻车事件”为例,奥迪公司作为委托方在其与该广告公司(作为受托方)签订的广告委托制作合同中应当预先对相关责任的分摊作出相关约定。最后,也是最重要的是,企业应当督促商业伙伴建立健全合规管理制度和机制。

典型案例三

插旗菜业事件

案情简介

2022 年,央视“3 · 15”晚会曝光了插旗菜业“土坑”酸菜生产内幕,根据插旗菜业官网显示,其合作企业有肯德基、康师傅、统一、五谷渔粉等知名餐饮企业。在晚会曝光后,康师傅两次声明道歉,康师傅股价下跌。肯德基方面随即发布微博回应插旗菜业不是肯德基的供应商,与肯德基没有任何关系,已经勒令其马上撤下官网不实信息。与此同时,统一(中国)投资有限公司当晚在官网发布声明回应称,湖南插旗公司自 2012 年 12 月开始,已不再是该公司酸菜包原料的供应商,同时,统一已于第一时间约谈了湖南锦瑞公司的负责人,对相关的酸菜包产品已全部进行了封存,并在市场监管局的参与下一起进行质量检测。知名餐饮品牌“太二酸菜鱼”也是第一时间发出声明,称与“3 · 15”点名企业无合作关系。与此相关,酸菜腌制的上游下游产业也必将会受到波及,事发第一时间多家电商平台已下架其产品,该公司工作人员受访时表示,目前插旗菜业已全部停工,行业遭遇灭顶之灾。

从央视“3 · 15”晚会曝光的问题来看,插旗菜业涉及食品安全、食品卫生、虚假宣传三方面问题。企业在生存和加工工程中，腌制酸菜添加的超标添加剂等，涉及食品安全问题，需要相关专业机构去检测和鉴定；腌制酸菜过程中，工人光脚踩、扔烟头等行为，涉及食品卫生问题；在相关宣传中凸显老坛腌制有多少道工艺等，与实际加工严重不符，涉嫌构成虚假宣传、虚假广告。

案件分析

本案中，腌菜工人赤脚踩在酸菜上以及随意将杂物混入酸菜中的行为违反了《食品安全法》第33条第4项：食品生产经营应当具有合理的设备布局和工艺流程，防止待加工食品与直接入口食品、原料与成品交叉污染，避免食品接触有毒物、不洁物；以及第8项：食品生产经营人员应当保持个人卫生，生产经营食品时，应当将手洗净，穿戴清洁的工作衣、帽等；销售无包装的直接入口食品时，应当使用无毒、清洁的容器、售货工具和设备。插旗菜业收购“土坑酸菜”但未对“土坑酸菜”进行卫生指标检测的行为违反了《食品安全法》第50条：食品生产者采购食品原料、食品添加剂、食品相关产品，应当查验供货者的许可证和产品合格证明；对无法提供合格证明的食品原料，应当按照食品安全标准进行检验；不得采购或者使用不符合食品安全标准的食品原料、食品添加剂、食品相关产品。康师傅等企业使用不符合食品安全相关标准的原料酸菜，违反了《食品安全法》第52条：食品、食品添加剂、食品相关产品的生产者，应当按照食品安全标准对所生产的食品、食品添加剂、食品相关产品进行检验，检验合格后方可出厂或者销售。

示例十二

商业伙伴合规管理办法

第一条　商业伙伴是指与我方存在任何业务或潜在业务、工作往来的外部法人、其他组织或自然人，通常包括供应商、客户、投资伙伴，以及咨询机构、代理机构、中介机构等其他第三方。

第二条 供应商是指向我方销售商品或提供服务(劳务)的商业伙伴，如油品供应及物流服务商、生产建设用物资采购供应商、工程承包商、信息化服务供应商等。客户是指向我方购买商品或服务的商业伙伴，如贸易客户、建设工程项目业主等。投资伙伴是指以合资、合营、合作、合伙等方式，与我方共同投资设立企业或经营项目的商业伙伴，如新设企业的共同出资人、股权投资对象、股权融资对象等。

第三条 商业伙伴合规管理工作应当遵循诚信合规原则、合作共赢原则、分类分级原则。

第四条 商业伙伴合规风险的主要类型包括主体资格风险、资质能力风险、商业伙伴挂靠风险、出口管制合规风险、经济制裁风险、反垄断合规风险、反洗钱合规风险、知识产权合规风险、数据保护合规风险、生态环境保护合规风险、生产安全合规风险、劳动用工合规风险、腐败和商业贿赂合规风险。

第五条 企业应当按照合作类型对商业伙伴实行分类管理，重点关注与供应商、客户、投资伙伴、代理机构等商业伙伴的合规义务，以及相关合规义务履行能力和履行情况。

第六条 企业应当综合考虑商业伙伴资信能力调查情况、商业伙伴相关合规风险发生的可能性，以及违规后果对我方的影响程度等因素，将商业伙伴分为高级、较高级、中级、低风险级。根据商业伙伴合规风险等级不同，采取相应合规管理措施。

第七条 企业应当建立完善商业伙伴准入管理机制，加强商业伙伴尽职调查，把商业伙伴的合规管理状况纳入尽职调查范围。在业务开展前，通过内外部各类渠道收集审查商业伙伴相关信息与资料，了解掌握商业伙伴自主履行其相关合同义务或承诺的能力情况及可信任程度，优选资质完备、信誉良好的商业伙伴建立合作关系。

第八条 完善合同合规条款，将合规审查嵌入合同管理流程中，确保与我方建立合作关系的商业伙伴及合同内容符合我方合规管理要求，避免因该商业伙伴的不合规行为导致我方承担责任。

第九条 坚持将商业伙伴合规风险监测预警作为我方法律合规风险排查处置的重要内容，加强商业伙伴履约跟踪和异常征兆动态监控，持续关注商业伙伴的资信和履约能力情况、重点合规义务履行情况，有效防控商业伙伴合规风险。

第十条 构建完善商业伙伴合规风险应对处置机制。在合作过程中，如发现商业伙伴合规状态发生变化，可通过要求商业伙伴或相关方整改、出具书面承诺、提供有效担保、追究商业伙伴违约责任、中止/终止合作等方式，将商业伙伴合规风险控制在可承受范围内。

第十一条 建立健全商业伙伴评估机制。对商业伙伴的资信和履约能力、合规状态持续情况、合规义务履行情况、合规风险整改情况等方面表现进行综合评估，强化商业伙伴合规风险分级管理和重点管控，做好建档归集工作，并将考核评估结果作为合同价款结算以及后续是否与该商业伙伴合作的考量因素。

第十二条 企业应当建立商业伙伴合规管理保障机制，具体包括负面清单管理机制、合规管理报告机制、合规宣传教育培训、推动数字化建设覆盖、落实合规管理制度规范要求。

第十三条 以防范商业伙伴合规风险、促进商业伙伴管理水平提升为着力点，按照统一规范标准，建立完善商业伙伴合规管理负面清单管理机制，明确负面清单的限制作用、纳入与移出要求等，并做好持续更新维护，为业务决策和经营活动平稳有序开展提供有力支持。

第十四条 坚持“及时、准确、全面、高效”的原则，建立健全商业伙伴合规管理报告机制，规范完善定期报告及专项报告要求。

第十五条 推动商业伙伴合规管理内容纳入我方合规管理教育培训体系，通过现场宣贯、线上培训、提供培训文件自行学习等方式，多层次、多渠道、全方位开展合规宣传教育培训活动，组织引导我方员工深入了解商业伙伴合规管理的重要意义和关键内容。

第十六条 推动数字化建设覆盖至合规管理领域，加强对商业伙伴合规情况的实时监测和风险预警，实现商业伙伴合规管理成果和信息在企业内部的共享，完整记录和保存商业伙伴合规管理信息，为商业伙伴合规风险处置提供文档支持等数字化手段，提升商业伙伴合规管理成效。

第十七条 落实我方合规管理制度规范要求，将商业伙伴合规管理作为各级各类合规检查的重要内容，重点检查各单位是否明确商业伙伴合规管理策略；是否建立必要的标准规范与流程；相关标准规范与流程设计的合理性与充分性；商业伙伴合规管理工作执行的有效性等。

…………

三、捐赠与赞助刑事合规管理

目的正当的赞助和捐赠通常有助于公司提高品牌知名度，扩大市场影响力，也能够彰显公司的社会责任感。但赞助和捐赠也很容易被利用为利益输送的工具和渠道，成为贿赂外部方的更为隐蔽的伪装。相比礼品和邀请，在赞助和捐赠的合规制度设计上，需要加强在赞助和捐赠各个环节流程上的把控及对涉及其中的相关方的背景评估。赞助和捐赠相关的合规政策应明确赞助、捐赠活动应符合的原则及规范赞助、捐赠活动在公司内部审批的流程要求。

（一）捐赠和赞助的含义

赞助和捐赠的定义在其制度设计上非常重要，因为定义将决定什么样的活动需要经过更为严格的赞助和捐赠的审批流程。尤其是赞助，很容易和一般意义上的合作相混淆。一般来说，赞助的含义是指公司（赞助方）以提供财务资助或实物资助的方式向从事体育、文化艺术、教育、科学、环境、社会项目、媒体或其他类似重要社会活动的个人（仅限于品牌形象大使）、团体、企业或机构（被赞助方）提供赞助，作为回报，赞助方有权使用被赞助方的资源及/或其企业的活动，以实现公司在市场营销及/或公共关系活动方面的目标的活动捐赠是体现公司良好的企业形象以及传递公司对企业社会责任持有坚定承诺的重要方式。捐赠是指公司（捐赠方）向捐赠接收方提供担保、赠与、款项或其他利益以支持慈善事业，且不要求、期许、接受任何利益回报的活动。

（二）捐赠及赞助的原则

一般而言，赞助与捐赠应严格遵守以下原则。

1. 目的合法：不得以维护公司的不恰当利益或其他不合理原因为目的对外进行赞助或捐赠；

2. 流程透明：所有赞助或捐赠，无论是款项还是实物，均应透明、正当；

3. 符合公司发展战略：赞助和捐赠应当符合公司发展的战略，且一般应由公司商业部门或者更高层级管理层，如董事会决定，公司不允许向任何违背公司战略方向或有损于公司企业名誉的个人、团体、企业或机构提供赞助或捐赠；

4. 支付得当：赞助或捐赠不能支付给个人账户，以避免利益冲突或其他以腐败贿赂目的的利益输送。除此之外，很多公司也会从遵守国际公约、体现公司价值观方面对赞助方做一定要求，比如，不允许赞助有宗教、信仰、性别等方面歧视的公司，以及违反国际公约的个人或公司等。就捐赠而言，因考虑到流程的透明性和合法性，则要求捐赠只能通过公认的非营利企业进行。

（三）赞助和捐赠方的背景调查

赞助的合规风险很大程度上来自赞助或捐赠接收方，最终受益方的负面新闻可能会为公司带来不利的声誉影响以及经济损失，而且很多赞助或捐赠活动中引入商业，以图掩盖不当利益的输送的目的。在履行赞助或捐赠的审批流程之前，必须对赞助涉及的所有中间代理机构、最终受益方以及捐赠涉及的所有中间代理机构。背景调查的手段可视公司实际情况来决定，可以采用订购外部数据库，也可以简易地通过本地网络搜索进行负面信息的排查，或者将二者结合起来。一般而言，背景调查还需要由申请部门和合规部门共同检视以下要点：赞助或捐赠的目的；与被赞助或捐赠方之间是否存在潜在的利益冲突；被赞助或捐赠方是否存在潜在的诚信问题；提供的赞助与获得的回报是否成正比；是否存在其他不正常的情况，如被赞助方或捐赠方在国外，而没有合理理由；赞助或捐赠活动中是否有任何利益提供给政府官员。

（四）捐赠与赞助商业贿赂风险

从美国《反海外腐败法》FCPA 的执法过往历史来看，越来越多的外国公司通过以捐赠或者赞助的方式向政府官员进行行贿以换取业务。捐赠或赞助过程中亦存在大量的商业贿赂风险，具体风险包括：企业以任何形式直接向政党进行政治性捐赠，发生与政党之间的不当利益输送；企业假借捐赠或赞助的名义，通过财务手段向被捐赠或被赞助方进行行贿，以达到商业目的；企业向具有影响力的官员所指定的慈善机构支付捐款以达到商业目的；企业将捐赠赞助与商业活动挂钩，通过捐赠赞助方式争取交易机会；企业假借捐赠或赞助的名义，承担被捐赠或被赞助方的各种费用；企业假借捐赠或赞助的名义，向被捐赠或被赞助方提供各种娱乐活动；企业以赞助的方式向被赞助方提供资金，但被赞助方未签订《赞助协议》提供任何市场推广活动，或未按照《赞助协议》中的约定进行任何市场推广活动；企业通过捐赠或赞助的方式向第三方进行捐赠赞助，再由第三方向政党或其他利益相关方进行利益输送。

（五）赞助或捐赠的审批流程和赞助协议

赞助或捐赠一般涉及较高金额资金或是实物资产的输出，加上其高合规风险的特征，一般公司在设置赞助或捐赠的审批流程时，相较于其他市场活动，会设置更高级别管理层的审批。其中加入合规部门事先咨询，预算控制部门和风险管理部门的建议等。区别于捐赠，为更好地降低合规风险，公司应当要求必须签订赞助协议，在赞助协议中明确赞助的类型和范围，作为回报收到的权益，反贿赂条款，审计条款等。公司合规政策中应明确赞助协议必须经法务部审查和批准。捐赠因其不需要任何回报，因此一般不作签署捐赠协议的要求。为了更好控制合规风险，建议公司应当对发生过的赞助和捐赠活动进行抽样审查。内容包括要求活动申请部门提供活动回顾，赞助的市场 / 公关宣传效果和利益回报的履约情况。同时，应要求员工将相关信息准确全面地进行记录。为确保记录的完整和准确性，政策中也可提供记录样式，要求记录的信息应当但不限于收送礼品或邀请的人员姓名、代表的单位或公司、时间、地点、预计的价值和实际发生的价值等。在礼品和邀请的内部控制上，一般公司会在支付流程上进行把控，如要求申请人在提出报销支付时同时提供合规部门的审核意见，对于未得到合规部门的审核意见的报销申请，视为事后申请，如非取得相应级别管理层或合规部门的特别同意，不予报销等，以防范不正当支付的发生。

（六）捐赠与赞助商业贿赂风险防范

为了防范捐赠与赞助可能引发的商业贿赂风险，企业应当建立完善的捐赠、赞助管理制度，规范捐赠赞助流程。具体措施应当包括：明确严禁任何形式的政治性捐赠；由相关部门对被捐赠或被赞助方进行背景调查，确保被捐赠或被赞助方无政党背景；企业应与被捐赠或被赞助方签订《捐赠或赞助协议》，双方应按照合同中的条款进行履约；应由企业相关部门对捐赠或赞助的全过程进行监督，确保捐赠赞助人员不出现商业贿赂行为；企业应重点关注捐赠或赞助过程中的各项费用支付，明确资金走向，减少付款风险；企业开展捐赠或赞助应遵循履行企业道德、社会责任，贡献社会的原则；企业应尽可能不以现金或现金等价物形式进行捐赠，如必须以现金捐赠或赞助，应在发生捐赠或赞助前报相关部门进行审核；企业应不禁止雇员以其个人名义和个人财产进行捐赠或赞助，但雇员以其个人名义和个人财产进行捐赠或赞助时，应不提及企业。

典型案例四

佳仕达公司贿赂案

案情简介

2023年3月29日，上海市嘉定区市场监督管理局执法人员对上海佳仕达医疗器械有限公司（以下简称佳仕达公司）开展执法检查时，查见佳仕达公司在日常经营活动中存在有购买预付费卡赠送给服务对象的行为。佳仕达公司上述行为涉嫌违反了《反不正当竞争法》第7条第1款的规定，上海市嘉定区市场监督管理局依法于2023年4月4日对当事人予以立案调查。

经查，佳仕达公司成立于2019年，主要从事二类、三类医疗器械的经营。为了开拓配套诊断试剂业务，佳仕达公司于2022年1月赠送给某医院检验科技师4张面值1000元的预付费卡，用于维护佳仕达公司与客户之间的合作关系，并获得CRP急性时相蛋白仪配套诊断试剂［急性时相反应蛋白测定比浊试剂盒、全程全血C反应蛋白（hsCRP+常规CRP）测定试剂盒］销售的机会。佳仕达公司将上述费用计入“管理费用——业务招待费”会计科目。由于佳仕达公司向某医院检验科技师赠送财物与具体业务无对应关系，故违法所得无法认定。

裁判结果

上海市嘉定区市场监督管理局经侦查认为佳仕达公司为了谋取CRP急性时相蛋白仪配套诊断试剂［急性时相反应蛋白测定比浊试剂盒、全程全血C反应蛋白（hsCRP+常规CRP）测定试剂盒］的销售机会和竞争优势，向某医院检验科技师赠送预付卡。其获取排他性销售试剂的交易机会和竞争优势的行为，损害了其他经营者公平竞争的机会，构成商业贿赂行为。违反了《反不正当竞争法》第7条第1款第3项“经营者不得采用财物或者其他手段贿赂下列单位或者个人，以谋取交易机会或者竞争优势：……（三）利用职权或者影响力影响交易的单位或个人”的规定。

依据《反不正当竞争法》第19条“经营者违反本法第七条规定贿赂他人的，由监督检查部门没收违法所得，处十万元以上三百万元以下的罚款。情节严重的，吊销营业执照”的规定，鉴于案发后当事人积极配合调查、如实陈述事实，违法行为持续时间较短等，依据《行政处罚法》第28条第1款“行政机关实施行政处罚时，应当责令当事人改正或者在限期改正违法行为”、第32条第1项“当事人有下列情形之一，应当从轻或者减轻行政处罚：（一）主动消除或者减轻违法行为危害后果的”的规定，2023年8月28日，上海市嘉定区市场监督管理局对当事人予以从轻处罚，作出罚款人民币10万元整的行政处罚决定。

示例十三

捐赠与赞助管理制度

第一章 总 则

第一条 为了规范企业对外赞助及捐赠行为,加强企业对外赞助及捐赠事项的规范管理,依法防范法律风险,维护企业股东、债权人、员工的合法权益,特制定本制度。

第二条 本制度基于和参照以下文件:《中华人民共和国公司法》《中华人民共和国公益事业捐赠法》《关于加强中央企业对外捐赠管理有关事项的通知》。

第二章 对外捐赠、赞助的定义和途径

第三条 本制度所称对外捐赠是指企业自愿无偿将有权处分的合法资产赠送给合法的受赠人用于公益事业的行为。本制度所称对外赞助是指企业以提供资金、产品、设备、设施和免费服务等形式无偿赞助社会事业或社会活动的公关专题活动。

第四条 企业对外捐赠应遵守相关法律、法规的规定,通过依法设立的公益性社会团体、公益性非营利的事业单位或者县级以上人民政府及其部门进行捐赠活动;对外赞助通过经合法登记并享有良好的信用及声誉的第三方机构进行。

第三章 对外捐赠、赞助的原则

第五条 企业为了认真履行社会责任、助力行业发展,向第三方提供的捐赠和赞助应当基于合法目的,公开透明且具有相应价值。禁止为获取竞争优势、谋求企业的不正当利益或其他不合理目的进行对外赞助及捐赠活动。

第六条 企业对外捐赠及赞助的,不得向受赠方提出要求其为企业投融资、获得市场准入、获得行政许可、获取其他资源等方

面创造便利条件，禁止以营利为目的从事对外捐赠及赞助活动。捐赠及赞助财产的使用应当符合公益目的，并将捐赠及赞助财产专款专用。

第七条　企业对外捐赠、赞助应当充分考虑自身经营规模、盈利能力、负债水平、现金流量等财务承受能力，合理确定对外捐赠及赞助的规模和标准。企业盈利能力大幅下降、负债水平偏高、经营活动现金净流量为负数或者大幅减少时，对外捐赠规模应当进行相应压缩；企业资不抵债、经营亏损或者捐赠行为影响正常生产经营的，除特殊情况外，一般不得安排对外捐赠支出。

第八条　对有关社会机构、团体的摊派性赞助及捐赠，企业应当予以拒绝。企业向公众作出的捐赠及赞助承诺应当经过内部决议机构审核通过，对经审议通过的捐赠及赞助承诺企业应当认真履行，不得进行虚假宣传、许诺。

第九条　企业的对外赞助、捐赠应当符合法律法规、规章制度的规定，不违背公序良俗、不损害社会公共利益及他人合法权益。

第四章　对外捐赠、赞助的管理体系

第十条　企业财务部门负责企业对外捐赠、赞助活动事宜，包括收集、汇总、检查、监督企业各单位、部门的对外捐赠、赞助申请。

第十一条　企业发起或者实施捐赠、赞助活动的部门应当对赞助、捐赠的接收方以及涉及的所有中间代理机构进行背景调查。

第十二条　企业每年安排的对外捐赠预算支出应当经过董事会或类似决策机构批准同意，实行统一管理，未经批准或者备案的不得擅自实施对外捐赠、赞助活动。

第五章　对外捐赠、赞助的范围、类型和受益人

第十三条　企业对外捐赠的范围包括受灾地区、定点扶贫地区、定点援助地区或者困难的社会弱势群体的救济性捐赠，向教

科文卫体事业和环境保护及节能减排等社会公益事业的公益性捐赠，以及社会公共福利事业的其他捐赠等。

第十四条 企业用于对外捐赠的资产应当权属清晰、权责明确，属于企业有权处分的合法财产（包括现金资产和实物资产等），企业用于生产经营的固定资产、代持的股权债权、已设置担保物权的财产等企业无权处分的财产或者过期、变质、破损等不合格产品不得用于对外捐赠、赞助。

第十五条 企业对外捐赠、赞助的受益人应当为公益性社会团体和公益性非营利的事业单位，社会弱势群体或个人等。本制度所称公益性社会团体是指依法成立的，以发展公益事业为宗旨的基金会、慈善组织等社会团体。本制度所称公益性非营利的事业单位是指依法成立的，从事公益事业的不以营利为目的的教育机构、科学研究机构、医疗卫生机构、社会公共文化、社会公共体育机构和社会福利机构等。

第十六条 企业对外捐赠、赞助的对象不得包括企业员工、与企业股权、经营权、财务等方面存在控制与被控制关系的单位或个人。

第十七条 企业为了提升自身品牌形象、宣传推销产品发生的赞助及捐赠费用，按照广告费用进行管理。

第六章 对外捐赠、赞助的程序

第十八条 企业对外捐赠及赞助活动由企业总部统一管理，并实行逐笔审核。企业对外捐赠、赞助活动实施前，经办人应当向财务部门提交申请表及对外捐赠、赞助事项报告，报告内容应当包括赞助捐赠的事由、对象背景调查情况、捐赠赞助途径、方式、财产构成及金额、财产交接程序等，企业赞助捐赠事项须经企业合规部门负责人批准后方可实施。

第十九条 企业每一会计年度实施的对外捐赠、赞助财产包括现金资产和实物资产。

第二十条　企业同一主体、同一事项在连续12个月内实施的捐赠和赞助活动应视为单项赞助和捐赠并累计计算项目金额。

第二十一条　企业经审批通过的对外捐赠和赞助事项，应当建立备查账簿，以便日后审查。

第七章　对外捐赠、赞助的检查和监督

第二十二条　企业应当通过现场检查或者审计的方式对重点赞助、捐赠活动的实施效果进行追踪评价，督促受益对象发挥赞助及捐赠的最大收益。

第二十三条　企业应当定期或者不定期对对外捐赠及赞助事项进行检查监督。对于违反企业关于捐赠及赞助的程序管理规定、超范围进行的捐赠及赞助、违法违纪的赞助及捐赠等，企业应当追究相关负责人的责任，涉嫌犯罪的，及时移交司法机关依法追究其刑事责任。

…………

第八章　附　　则

第××条　本制度适用于本企业及其所属全资子公司、控股子公司、分公司等法人或者非法人组织机构。本制度未尽事宜依据国家相关法律、法规及本企业有关规章制度执行。

第××条　本制度由企业财务部门负责解释。

第××条　本制度自发布之日起执行。

四、纪念品与接待合规管理

在中国根深蒂固的人情社会环境下，赠礼、宴请作为一种经营者之间维护客户关系的商业礼仪无可厚非。很多企业如往常一样推出了精心设计的台历、保温杯、萌萌兔、记事簿等印有logo的小纪念品，作为新年与客户联络感情的馈赠。合宜的纪念品与接待作为商务人士向彼此展示尊重往往是必要和适宜的，然而不适当的纪念品与接待则有可能具有商业贿赂的风险，正当的商业礼仪就会变质为违法行为。目前，我国关于纪念品与接待的种类、金额、频率以及赠送的时间、目的等均缺乏较为明确和清晰的法律规定，而对于企业来说，纪念品与接待的行为是无法避免的，没有清晰的流程和政策对企业的纪念品与接待行为进行合规管理，就会很容易导致企业的纪念品与接待活动处于失控的状态，如此任何员工的不当纪念品与接待行为，都将被视为企业放纵该类行为的结果，可能给企业带来更大的刑事合规风险。因此，企业根据经营所在国家或者地区制定相应的纪念品与接待政策和流程，对本企业的纪念品与接待行为进行规制是十分必要的。

（一）接待的内涵及边界

1. 基本概念

一般来说，接待可以分为业务接待、外事接待、商务接待、公务接待、其他公务接待。业务接待管理是指企业因生产经营业务需要，接待上级单位、客户、合作方及其他外部关系人员或机构进行出席会议、考察调研、检查指导、执行任务、商务洽谈、学习交流等活动和费用的管理活动，主要包括餐饮、提供差旅、赠送纪念品等方式。外事接待系指因公接待外宾或其他外籍关系人员的活动；商务接待系指企业招商引资、接待客商考察以及组织参加各类会展、经贸洽谈会等商务活动（不包括机关事业单位和国有企业工作人员）；公务接待指党政机关、事业单位、国有企业有关负责人及代表团来访接待工作。其他公务接待系指企业员工接待其他因公来访人员的活动。公务人员包括但不限于下列人员：政府的官员、雇员、代表；国际组织的官员、雇员和代表；行使公共权力的政治组织的官员、雇员、代表或皇室成员；政府直接或间接控制或施加决定性影响力的公共企业的官员。一般而言，业务接待费实行年度预算管理。由企业各部门制订计划，严格按预算执行，按规定报批后组织实施。具体业务接待工作由企业承办部门负责，必要时由企业办公室或其他部门予以配合。企业员工应认真学习并贯彻执行企业业务支出管理相关文件及国家有关规定，充分认识到日常业务活动中的赠与、业务接待等行为合法合规的重要性，如处理不当，可能发生商业贿赂或不正当交易，从而导致违法违规行为。

2. 相关法律依据

美国反海外腐败法（FCPA）明确将为影响官员作出有利于自己或者不作出于自己不利的决定，或者为获得或者保留业务，获得不正当的竞争优势，而腐败地向官员支付任何金钱或提供、礼物、给予允诺，或授权提供任何财物的行为规定为违法行为。在我国，违规违法提供或接收纪念品亦受党纪国法的约束：首先，违规收受纪念品、礼金属于《中国共产党纪律处分条例》（以下简称《处分条例》）规定的违反廉洁纪律问题。其次，《反不正当竞争法》第 7 条同样规定，经营者不得采用财物或者其他手段贿赂相关的单位或者个人，以谋取交易机会或者竞争优势。《国家工商行政管理局关于禁止商业贿赂行为的暂行规定》也禁止经营者为销售或者购买商品而采用财物或者其他手段贿赂对方单位或者个人的行为。最后，根据《刑法》的规定，公司、企业或者其他单位的工作人员在经济往来中，利用职务上的便利，违反国家规定，收受各种名义的好处、回扣、手续费，归个人所有的，涉嫌构成非国家工作人员受贿罪，数额较大的，处 5 年以下有期徒刑或者拘役；数额巨大的，处 5 年以上有期徒刑，可以并处没收财产。另外，对于进行受贿的人员，涉嫌构成对非国家工作人员行贿罪，为谋取不正当利益，给予公司、企业或者其他单位的工作人员以财物，数额较大的，处 3 年以下有期徒刑或者拘役，并处罚金；数额巨大的，处 3 年以上 10 年以下有期徒刑，并处罚金。因此，企业与合作方互动时就一定要把握好这个界限，以避免构成商业贿赂和刑事风险。

3. 纪念品与接待的禁止性行为

禁止提供或接受以个人折扣、佣金或其他报酬形式给付的纪念品，也不得随意自行购置和发放纪念品或纪念品；禁止提供或接受现金、小费、货币、贷款或预付款、纪念品券或购物卡等现金等价物；禁止提供或接受公司或其他实体的证券、股份、债券或其他利益；禁止接受免费或打折服务，例如购买保险、支付学费、承担修理或改造等优惠待遇；禁止提供或接受假日或休闲套餐、旅行，不得参加所属单位或关联企业安排到高档的娱乐、休闲、健身、保健等经营场所的业务接待活动；禁止员工主动向相对方索要接待；不得报销因私接待费用、个人消费费用，不得通过秘密方式提供或接受接待；不得弄虚作假，严格按照财务规定及相关审批程序办理报销手续；员工必须以公司名义提供或接受接待，不得以个人名义进行；公司应以自己的名义提供纪念品，禁止转嫁给下级或其他有利益关系的单位。

（二）违规收受纪念品与违规接待的表现

1. 提供实物纪念品、礼金或现金等价物

2018 年 1 月，上海市奉贤区市场监督管理局处罚的一宗商业贿赂案中，涉案公司为促进其产品的销售，于 2016 年 1 月至 2017 年 7 月，以 eShop、大包装活动、积分兑换三种名义向其客户的具体业务人员赠送购物卡、充值卡等代金卡券及 KINDLE、Apple iPod、移动硬盘、膳魔师保温杯等实物纪念品，价值共计 165，000 余元，该等费用均由公司财务记录在“市场交际费”科目下。经查，该期间，涉案公司通过赠送财物的方式达成销售额共计 6，467，185.45 元，违法所得 86 万余元。行政执法机关对涉案公司作出没收全部违法所得并处罚款 5 万元的行政处罚决定。类似地，上海市嘉定区市场监督管理局对一家提供体检服务的民营医院，因 2013 年 12 月至 2015 年 12 月陆续向客户单位相关人员赠送金额合计 44,200 元的购物卡、汽油卡，且均未入其财务账册的行为处罚款 13 万元。提供纪念品等现金等价物主要表现在四个方面：一是经营者在一段时期内频繁向交易相对方的相关人员赠送实物纪念品、现金或现金等价物，赠予频率超过一般商业惯例且对象特定；二是在赠礼行为持续期间，经营者与交易相对方之间达成了具体业务，即在销售商品或服务的过程中提供财物；三是在赠礼行为持续期间，虽然经营者与交易相对方之间尚未达成具体业务，但赠送的纪念品内在价值明显超出了法律允许的“小额广告纪念品”范畴，足以被理解为以影响交易相对方人员的商业决定为目的；四是用以提供纪念品、现金或现金等价物的经费未如实入账，或以虚假的报销单据冲账套取现金作为贿赂的经费。

2. 提供餐饮、娱乐等宴请接待

2018 年 10 月，上海市工商行政管理局检查总队对某医疗器械公司上海区域的经销商请医生吃饭一案作出行政处罚决定。2017 年 3 月，涉案公司通过客户医院的内镜中心主任的准入推荐，所代理的南京某医疗器械公司产品经批准进入该院销售。涉案公司为了感谢该主任在产品准入、销售过程中的帮助，于 2018 年 1 月至 4 月，三次邀请该主任就餐、娱乐消费，均由涉案公司套现后直接支付。市局检查总队认为，涉案公司在经营过程中，为销售商品，通过娱乐消费等手段贿赂交易相对方工作人员以获取交易机会，主观意图上存在以“其他手段”为诱争取交易机会的故意；从客观表现看，涉案公司的上述娱乐消费行为，客观上排挤了同行的其他竞争者，影响了市场公平竞争环境。因本案事实发生在新反法施行后，市局检查总队对本案适用了《反不正当竞争法》第 7 条第 1 款第 1 项“经营者不得采用财物或者其他手段贿赂下列单位或者个人，以谋取交易机会或者竞争优势：(一)交易相对方的工作人员”及第 19 条之规定作出处罚决定，鉴于涉案公司提供就餐、娱乐消费的行为与产品销售情况无法一一对应，故无法计算违法所得，决定处以罚款 15 万元。可见，即使经营者刻意错开交易达成与请客吃饭、娱乐消费的时间，但 3 个月内三次宴请同一交易相对方的人员且餐饮、娱乐经费未如实入账，就会被认为主观上有行贿的故意。

3. 违规公款吃喝

违规公款吃喝属于典型违反中央八项规定精神问题，其表现形式多样，且近年来呈现出更加隐蔽化的趋势。例如，通过项目资金等专项工作经费支付吃喝费用；假借研究交流工作为名吃喝；将大额消费拆分为小额发票报销或长期挂账；以办公用品、宣传费、会议费等虚假名义套取报销餐费等。这些行为违反了《党政机关厉行节约反对浪费条例》等相关规定及有关公款管理的系列规定，都属于违反有关规定组织、参加用公款支付的宴请等活动。依据《处分条例》第103条的规定，对此类违纪行为，视情节轻重，给予直接责任者和领导责任者警告直至开除党籍处分。

4. 公务接待中违规饮酒或者提供香烟、高档菜肴酒水

“酒桌上好办事”“无酒不成席”等积弊被群众诟病已久，在公务接待中提供高档菜肴、搞豪华宴请等挥霍浪费行为，违反国家财务管理制度，背离党的艰苦奋斗的优良传统。《党政机关国内公务接待管理规定》明令禁止工作餐内违规饮酒或提供香烟、高档菜肴或者野生保护动物制作的菜肴。对此类违纪行为，依据《处分条例》第106条的规定，视情节轻重给予直接责任者和领导责任者批评教育直至撤销党内职务处分。

（三）商务接待合规管理的措施

我国法律并未将商务宴请等接待明确作为商业贿赂的一种形式，但企业在接待过程中却经常存在混杂送礼、买单之名变相贿赂的情况。另外，向交易对手提供旅游和外地考察机会并支付相关费用的行为也容易被认定为是商业贿赂的一种形式。司法实践中，业务接待费的具体范围一般包括：企业生产经营需要而宴请或工作餐的开支；企业生产经营需要赠送纪念品的开支；企业生产经营需要而发生的旅游景点参观费和交通费及其他费用的开支；企业生产经营需要而发生的业务关系人员的差旅费开支。

1. 接待费的合规支出

《企业所得税法实施条例》第43条规定：“企业发生的与生产经营活动有关业务接待费支出，按照发生额的60%扣除，但最高不得超过当年销售收入（营业）收入的5‰。”一般而言，若企业出于维系商业合作关系或自身形象目的而进行的经营管理活动，且消费金额合理的，应属于符合商业管理

的合法接待行为。业务接待费作为企业生产、经营业务的合理费用，会计制度规定可以据实列支为“管理费用——业务接待费”，根据税法相关规定在一定的比例范围内可在所得税前扣除，超过标准的部分不得扣除。

2. 商务宴请

请客吃饭应符合时宜。一般来说，在中国传统三大节日，即端午节、中秋节、春节安排宴请聚餐是人之常情，但不能针对特定客户，不能对应具体业务。《国务院工作规则》规定，对职权范围内的事项要按程序和时限积极主动地办理，对不符合规定的事项要坚持原则不得办理；不得用公款相互送礼和宴请，不得接受地方的送礼和宴请；对因推诿、拖延等官僚作风造成影响和损失的，要追究责任；对越权办事、以权谋私等违规、违纪、违法行为，要严肃查处。《政府采购法实施条例》第 14 条规定，采购代理机构不得以不正当手段获取政府采购代理业务，不得与采购人、供应商恶意串通操纵政府采购活动。采购代理机构工作人员不得接受采购人或者供应商组织的宴请、旅游、娱乐，不得收受纪念品、现金、有价证券等，不得向采购人或者供应商报销应当由个人承担的费用。根据《对外贸易经济合作部关于部机关工作人员“不准接受可能对公正执行公务有影响的宴请”的具体规定(试行)》《关于工商行政管理工作人员不准接受可能对公正执行公务有影响的宴请的规定》《关于工商行政管理工作人员不准参加用公款支付的高消费娱乐活动的规定》《违反“两个规定”的处理办法》等上述相关规定，商务宴请应注意：商务宴请的费用应当正常、合理，符合当地平均消费水平，在商务宴请当中不得有其他财务和纪念品往来；建议就商务宴请的标准与报批、报销手续制定管理手册，对接待的标准、形式、财务要求进行具体细致的规定；在经济发达地区的宴请标准建议为 1000 元左右 / 桌，一次宴请的总额不得超过 3000 元，且应注意避免在一定时期内对特定的人有过于频繁的接待记录；根据不同接待对象予以区别对待，尽量避免宴请政府机关及事业单位、国有企业中执行公务的人员，或采取较为业务合作伙伴更严格的限制。

3. 商务往来中的通行、餐饮、住宿

《国家工商行政管理局关于禁止商业贿赂行为的暂行规定》第2条规定，经营者不得违反《反不正当竞争法》第8条规定，采用商业贿赂手段销售或者购买商品。为此，企业在实施商务往来活动时应注意：(1)经营者不得实施为销售或者购买商品而采用财物或者其他手段贿赂对方单位或者个人的行为；(2)不得假借促销费、宣传费、赞助费、科研费、劳务费、咨询费、佣金等名义，或者以报销各种费用等方式，给付对方单位或者个人的财物；(3)不得提供国内外各种名义的旅游、考察等给付财物以外的其他利益，不得借考察、调研、检查工作等公务活动之机，违规接受管理和服务对象的宴请，否则接受管理和服务对象的宴请，就有可能影响公正执行公务；(4)考察、参观及参会等过程中产生的通行、住宿费用宜由被邀请人自行承担，在考察参观过程中应当严禁陪同至其他景点旅游，并支付相关费用；(5)如果邀请其他单位人员参加本企业举办的会议、讲座，应注意：会议、讲座的目的应当正常合理，其中的宴请应当正常合理，不得有其他财务和纪念品往来；如果邀请对象为政府工作人员，一般应为公对公行为，不产生讲课费；(6)如果邀请其他单位的人员参加第三方举办的会议、讲座，应注意：不得为被邀请对象支付会议费、交通费、住宿费等任何费用。

4. 其他合规建议

第一，针对接待行为制定内部审批流程，可能需要参与审批的部门有法务部、合规部、财务部、市场部等，比如可以按金额大小：小额接待可由业务部门直接对外发生，限额内接待需要通过公司内部的审批程序，超过限额的接待需要更高的管理层进行个案审核；第二，限定接待发生的情形，禁止为获得交易等不正当目的进行纪念品接待，如在招投标时不得向相对方送礼或接待；第三，限定接待的形式，如禁止赠送奢侈品牌产品、房子、汽车等，禁止去高档餐饮及娱乐场所进行接待，如果涉及娱乐活动，则不应触及敏感甚至是违法的娱乐活动；第四，确保所有接待及费用开支行为符合相对方的内部政策；第五，公司员工在收到交易方接待邀请时应首先征得公司同意；

第六，无论是提供接待还是接受接待必须根据现行有效的财务政策如实记录，且确保相对方亦如此；第七，公司内部可以将纪念品、宴请接待按审批类别分为“禁止事项”和“附条件允许事项”；第八，对于外资公司或者有对外交易的公司，应该注意境外企业对于接待的法律红线。

（四）纪念品与接待制度及流程制定思路

1. 制度制定的目的

企业一方面应当着力建立及推广诚信合规文化建设，另一方面应当结合企业实际制定合宜的纪念品与接待政策制度、流程以规范企业业务接待过程中的合法合规性，确保不具备任何商业贿赂的风险。

2. 制度制定的关键点

纪念品与接待的风险点，上文结合种类、金额、频率、时机和目的等几个方面进行阐述，纪念品与接待的种类、金额、频率和时机等属于客观方面，而目的则属于主观方面。主观方面的情况通常是通过客观方面予以反映，若纪念品与接待的客观方面均为合宜则通常不具有商业贿赂目的，更不会涉及商业贿赂风险；即便主观存在故意，但客观方面规范合理，亦不存在商业贿赂的风险。

3. 制度制定的技术

企业在制定纪念品与接待制度时，可以制定相应的负面清单，如严禁的纪念品与接待行为；同时，针对可以自由裁量等方面，可制定合宜的纪念品与接待政策办法及合适的流程来规范纪念品与接待活动，进而确保企业的纪念品与接待活动合法合规。

4. 将诚信合规原则贯穿嵌入到纪念品与接待的各环节

纪念品与接待这一活动本身具有社交性，且与各地文化氛围相关联，因此难免有时会产生一些模糊不清的灰色地带，此时就需要使用纪念品与接待的合规性原则予以指导，结合制度具体执行过程中遇到的各种问题，将诚信与合规原则贯穿嵌入纪念品与接待的各领域各环节，落实到各部门、各单位和全体员工，实现多方联动、上下贯通。

5. 制度的基本内容

《业务接待管理办法》至少应当包括：制定依据和目的、适用范围、使用管理权限、预算及审批程序、审批权限和流程、业务接待费列支管理、完善业务接待费使用情况向本企业职代会报告业务接待费的流程和内容，以及对业务接待费使用情况的审计等内容。企业应结合实际，进一步规范业务接待费的使用范围、标准和审批程序，并结合实际情况公开制度。

商业交往中的送礼、宴请接待不容小觑。经营者应当建立正确的商业文化观，并完善自身商业文化合规风险管控机制。精准把握纪法界限，严格区分正常公务接待、商务接待与违反规定超标准、超范围吃喝的界限，接受可能影响公正执行公务的宴请和正常人情往来的界限，支持市场主体发展的正常履职与违反政策规定说情打招呼的界限，既全面杜绝违规吃喝不正之风，又保护领导干部担当作为、干事创业积极性，努力实现企业基业长青、纪法和社会效果的有机统一。

典型案例五

某县交通运输局、杨某某单位受贿案

案情简介

杨某某在担任某县交通运输局局长期间，在知道其主管的某乡镇通村公路项目资金有结余的情况下，利用掌握拨付修路资金的权力，通过提高并虚报工程计量的方式将通村公路工程款全额拨付给该乡人民政府，并同该乡政府负责人约定将工程剩余款中的 30 万元作为交通运输局的接待经费，剩余部分交由该乡政府自由支配。通村公路工程竣工验收后，杨某某取走该 30 万元并将之用于结算单位接待费及出差开支。

裁判结果

最终，该交通运输局被判处罚金人民币2万元，作为单位负责人的杨某某被判处有期徒刑1年6个月，缓期2年执行。

案件分析

我国《刑法》第387条规定，单位受贿罪是指国家机关、国有公司、企业、事业单位、人民团体，索取、非法收受他人财物，为他人谋取利益，情节严重的行为。本案中，该单位利用职权将工程款全额拨付给乡政府，使该乡政府享有了对剩余款项的支配权，也使该单位获得了30万元的接待经费，系该单位为其他单位谋取利益，以单位名义收受其他单位贿赂的行为。且该行为系单位整体意志的体现，为单位利益而实施，故构成单位受贿罪。单位受贿犯罪处罚对象是双重主体，单位及单位法定代表人均要承担相应刑事责任。自然人之间的权钱交易构成受贿罪，单位之间的权钱交易构成单位受贿犯罪。且在单位受贿犯罪中，单位和主要负责人均应承担相应的刑事责任。工程建设领域也是滋生腐败的高发区域，在该案中，本该用于通村公路建设的资金却未能足额用于公路建设，该条公路的建设质量可想而知，最终损害的不仅仅是群众的切身利益，也将造成国有财产的损失。

示例十四

纪念品与接待合规管理制度

第一章　总　　则

第一条　为端正纪念品与接待行为，厉行节约、防止浪费，防范商业贿赂、不正当竞争等法律风险，参照《国有企业商务招待管理规定》等，制定本管理办法。

第二条　本制度适用于本企业及所属子公司、分公司、项目部。

第三条 本制度中的"纪念品"是指由企业制作、定制或购买,并赠予内部员工、外部商业伙伴或推广目的的特定对象,用于纪念或表彰特定事件或成就的实物物品、定制礼品、奖品或其他形式的纪念物等。

本制度中的"接待"是指企业在商务谈判或商业合作中向第三方提供娱乐、消遣、休闲及餐食的活动。

第四条 企业应当按照"必要、合理、节俭、从紧"原则,明确业务招待费管理部门,明确范围标准、强化预算管理、严肃支出审批、严格财务报销、加强监督检查,控制相关费用支出。依据国家有关法律法规和本制度规定,结合自身特点和实际,从事纪念品与接待活动。

第五条 企业安排接待活动必须与自身生产经营管理需要直接相关,做到"五个严禁":

1. 严禁以各种名义变相安排公款接待宴请及旅游;

2. 严禁开支应由个人负担的宴请及娱乐、健身、旅游、购物等费用;

3. 严禁赠送现金和购物卡、消费卡、商业预付卡等各种有价证券、支付凭证及贵重物品等;

4. 严禁安排接待对象到高档的娱乐、休闲、健身、保健等经营场所活动;

5. 严禁企业内部相互吃请,赠送礼品礼金等贵重物品或到高档娱乐经营场所活动。

第二章 纪念品管理

第六条 涉及纪念品赠送,应当符合相关法律法规要求。纪念品采购预算、报销审批单包括赠送纪念品单位和事由、纪念品的品名、单位、数量、总价等内容。

第七条　接待部门负责纪念品的采购、登记管理工作。纪念品需按照经济、合理的原则择优购买。原则上采购具有企业标识的纪念品。

第三章　接待管理

第八条　业务接待主要分为商务、外事、其他公务招待活动等。在商业谈判或商业合作中接待客户、合资合作方的活动属于商务接待。与商务活动无关的接待外宾或其他外籍关系人员的活动属于外事接待。接待其他因公来访人员的活动属于其他公务接待。

第九条　业务接待活动涉及接待和宴请来客，原则上应当安排在企业内部餐厅、招待所或定点宾馆饭店。不得使用私人会所、高消费餐饮场所。工作餐应当提供家常菜，不得提供鱼翅、燕窝等高档菜肴和用野生保护动物制作的菜肴，不得提供高档酒水。

第十条　对于商务和外事招待，招待对象在5人（含）以内的，陪餐人数可对等；招待对象超过5人的，超过部分陪餐人数原则上不超过招待对象的二分之一。对于其他公务招待活动，接待对象在10人以内的，陪餐人数不得超过3人；超过10人的，不得超过接待对象人数的三分之一。

第十一条　开展外事和商务招待活动，对于非常重要的客户，宴请标准每次人均不得超过600元（含酒水、饮料，下同）；重要的客户，宴请标准每次人均不得超过500元。其他公务招待活动参照党政机关公务接待标准执行。非常重要的客户，宴请标准每次人均不得超过400元；重要的客户，宴请标准每次人均不得超过300元。

第四章　预算管理

第十二条　企业应当充分利用全面预算管理加强对业务接待费的精细化管控，在制订定额控制标准的基础上，将各类业务招待费全部纳入年度预算。

第十三条 企业应当严肃业务接待费预算编制，业务招待费预算增长幅度不能高于企业营业额及利润的增长幅度。业务接待费预算应经企业决策机构审核，并报上级部门审批同意后执行，禁止超预算或无预算安排支出。确需调整预算的，应重新履行预算审批程序。

第十四条 企业应当建立预算执行情况动态跟踪机制，落实预算管控责任，从严控制开支规模，定期对业务接待费预算执行情况进行分析，针对发现的问题及时制订整改方案措施。

第五章 审批及报销管理

第十五条 企业的纪念品和接待管理工作分系统归行政办公室、党（工）委办公室、董（监）办（以下简称办公室）管理，办公室分系统负责纪念品和接待工作的协调、审批和备案。各部门的纪念品和接待须按系统到办公室审批、备案。并按照不相容岗位分离的原则明确相关人员的职责权限，规范审批程序和授权权限，所有业务接待活动未经批准不得擅自安排。

第十六条 纪念品和接待必须遵循“先审后办、超标特审”原则，事前提出接待活动安排申请和费用预算，实行一事一报制度。

第十七条 企业应当充分发挥财务内控机制作用，严把财务报账关，规范会计核算，真实反映业务招待费开支状况。

第六章 监督检查

第十八条 企业的业务招待费执行使用情况应纳入业务公开范围，向职代会进行通报，接受群众监督。

第十九条 企业要切实加强业务接待费监督检查工作，将业务接待费支出的合法合规性、内部控制的健全性和有效性、会计信息的质量及真实性等情况纳入监督检查范围，对检查发现的管理隐患应定期公布，及时督促整改，堵塞管理漏洞，促进形成管理提升长效机制。

第二十条　企业的业务接待费管理和支出情况应当纳入合规监督、审计监督、纪检监察、专项检查、财务监督范围，对业务接待相关活动中存在违规违纪行为的单位或个人，将依法依规予以严肃处理、严格追责，责令限期整改，情节严重的要移交司法机关处理并予以通报，相关业务接待费支出一律由违规违纪者自理，不予报销。

…………

第七章　附　　则

第××条　本制度由企业财会部门负责解释。

第××条　本制度自发布之日起执行。

五、环境污染刑事合规管理

较之于个人环境犯罪，企业环境犯罪有着组织化、规模化、模式化的特点，不仅破坏性强，而且后果严重，除了会造成数额巨大的财产损失乃至危及生命的人身损害外，还会带来影响深远、难以恢复甚至不能逆转的生态环境损害，增加了应对的复杂度和困难度。[1]近年来，国家加大了对企业环境犯罪的规制力度。一方面，通过修改和完善相关法律规范，筑牢了立法藩篱。如《刑法修正案（八）》将《刑法》第338条的罪名从“重大环境污染事故罪”改为“污染环境罪”，内容上作了较大调整，加大了打击范围。最高人民法院、最高人民检察院《关于办理环境污染刑事案件适用法律若干问题的解释》（法释〔2023〕7号，以下简称《环境污染司法解释》）进一步细化了环境犯罪的追责内容。另一方面，加大了对环境犯罪的追责力度。自污染环境罪确立特别是《环境污染司法解释》施行以来，关于污染环境案的判决明

〔1〕　参见李传轩：《绿色治理视角下企业环境刑事合规制度的构建》，载《法学》2022年第3期。

显增多,整体上环境污染犯罪追诉难的状况已成过去。[1]

从近年来最高人民法院、最高人民检察院发布的环境污染犯罪典型案例可见,企业犯罪案例的占比开始增大,企业环境犯罪的追责力度大幅增强,企业承受的环境刑事责任风险越来越大。但是,单凭严刑峻罚解决企业的环境犯罪问题,治理效果不容乐观。其一,企业环境犯罪的危害后果具有潜伏性和长期性,而犯罪侦查的专业技术性和侦破困难性、因果关系判定的复杂性及损失确定的困难度,都增加了对企业环境犯罪进行事后刑事追责的成本。其二,对犯罪企业进行严格的刑事制裁,无论是对生态环境修复的环境利益而言,还是对企业经营得以持续并转向绿色发展的经济利益来说,都难言是最好的救济方式。

基于企业环境犯罪风险事前防控的重要性远超事后严厉的刑事追责的判断,如何构建适合企业环境犯罪治理的有效机制便成为防范企业环境犯罪的研究重点。近年来积极引入和推行的刑事合规无论是对环境犯罪风险的预防控制,还是进入刑事追责程序可能发挥的事后挽救,乃至更高层面上对企业合规文化的建设都有着特殊价值。尽管我国企业刑事合规的改革试点已经开始,但涉及环境保护这一专门领域的企业刑事合规仍处于理念不足、制度缺失和实践匮乏的困境中,所以探索适合企业刑事合规发展的思路和方案成为必然。

(一)污染环境罪的立法沿革

1997年《刑法》首次将污染环境行为入刑,第338条重大环境污染罪规定,违反国家规定,排放、倾倒或者处置有放射性的废物、含传染病病原体的废物、有毒物质或者其他有害物质,严重污染环境的,处3年以下有期徒刑或者拘役,并处或者单处罚金;后果特别严重的,处3年以上7年以下有期徒刑,并处罚金。

---

〔1〕 参见李梁:《环境污染犯罪的追诉现状及反思》,载《中国地质大学学报(社会科学版)》2018年第5期。

2011 年,《刑法修正案(八)》将“重大环境污染罪”改为“污染环境罪”,同时将“造成重大环境污染事故,致使公私财产遭受重大损失或者人身伤亡的严重后果”的表述修改为“严重污染环境”。污染环境罪不限于以造成严重后果为入罪条件,实施严重危害环境安全的行为也可入刑,降低了污染环境罪的入罪门槛。

2020 年,《刑法修正案(十一)》再次修正第 338 条,对污染环境罪作出如下修正:一方面,提高刑期上限。将“后果特别严重的,处三年以上七年以下有期徒刑,并处罚金”修改为“情节严重的,处三年以上七年以下有期徒刑,并处罚金”。新增一档法定刑,“有下列情形之一的,处七年以上有期徒刑,并处罚金:(一)在饮用水水源保护区、自然保护地核心保护区等依法确定的重点保护区域排放、倾倒、处置有放射性的废物、含传染病病原体的废物、有毒物质,情节特别严重的;(二)向国家确定的重要江河、湖泊水域排放、倾倒、处置有放射性的废物、含传染病病原体的废物、有毒物质,情节特别严重的;(三)致使大量永久基本农田基本功能丧失或者遭受永久性破坏的;(四)致使多人重伤、严重疾病,或者致人严重残疾、死亡的”。另一方面,明确竞合犯的处理原则,“有前款行为,同时构成其他犯罪的,依照处罚较重的规定定罪处罚”。

《刑法》不断加大污染环境惩罚力度的同时,人民法院、人民检察院联合相关部门联合发布司法解释、会谈纪要等文件,对污染环境罪的侦查、起诉、审理进行规范指导,极大地加强了污染环境罪的司法处理力度。比较关键的文件包括:2013 年,最高人民法院和最高人民检察院联合发布《关于办理环境污染刑事案件适用法律若干问题的解释》(法释〔2013〕15 号,已失效);2016 年,最高人民法院和最高人民检察院在之前的基础上完善了相关规定,发布了《关于办理环境污染刑事案件适用法律若干问题的解释》(法释〔2016〕29 号,已失效);2019 年,最高人民法院、最高人民检察院、公安部、司法部以及生态环境部联合发布了《关于办理环境污染刑事案件有关问题座谈会纪要》,对单位犯罪进行了专门的解释。2023 年,最高人民法院和最高人民检察院发布了《环境污染司法解释》对环境污染相关规定作了进一步完善。

(二)污染环境罪的犯罪构成要件

按照现行刑法体系规定,污染环境罪是指违反防治污染环境的法律规定,严重污染环境,依照法律应受到刑事处罚的行为。

1. 主观方面的认定

《刑法修正案(八)》对污染环境罪相关内容进行修改后,关于该罪的主观罪过形态,曾经存在不少争议。但目前司法界对此形成比较统一的认识:污染环境罪的主观罪过形式为故意,包括直接故意和间接故意。

对污染环境罪而言,污染环境结果的发生大多数情况下需要经过一定年限或者积累到一定程度才能显现,甚至会出现污染环境的行为发生时,现有科学技术手段难以确定将来是否会形成污染结果的情况。但是,如果污染环境罪保护的法益是国家环境保护管理制度,而生产企业理应知晓并严格遵循国家制度,行为人故意违反相关制度,对可能造成的污染后果持积极追求或消极放任的态度,便具备污染环境罪的主观条件。

2. 客观方面的认定

污染环境罪的客观方面指行为人违反国家规定,向土地,水体和大气排放危险废物,造成环境污染,致使公私财产遭受重大损失或者人身伤亡的严重后果的行为。

首先,行为人须违反全国人大及其常务委员会制定的有关环境保护方面的法律,以及国务院制定的相关行政法规、行政措施、发布的决定或命令。如《环境保护法》《大气污染防治法》《水污染防治法》《海洋环境保护法》《固体废物污染环境防治法》等法律法规,以及《放射防护条例》《工业"三废"排放试行标准》等专门规定。

其次,实施了"排放、倾倒、处置有放射性的废物、含传染病病原体的废物、有毒物质或者其他有害物质",以及依据《环境污染司法解释》规定的特殊情况下的“收集、贮存、利用、处置危险废物”的行为。在司法实践中，“排放”可以归纳为污染物产生后不经处理直接以各种形式排入外部环境，在时间、空间上与污染物的产生有较强的连续性，中间环节少，污染集中在生产地附近，比如偷排工业废水。“倾倒”则一般被认为是使用容器将污染物通过一定方式移动到其他地点后再行排入外部环境，在时间、空间上与污染物的产生间隔较大，中间环节多，主要体现为异地污染，比如倾倒、填埋建筑垃圾和生活垃圾混杂物。处置是指以焚烧、填埋或其他改变危险废物属性的方式处理危险废物或者将其置于特定场所或者设施并不再取回的行为。

关于放射性废物。《放射性污染防治法》第 62 条第 8 项规定：“放射性废物，是指含有放射性核素或者被放射性核素污染，其浓度或者比活度大于国家确定的清洁解控水平，预期不再使用的废弃物。”按照物理形态，可分为放射性废水、废气和固体废物。

关于含传染病病原体的废物（亦称传染性废物）。《传染病防治法》（2013 年修正）第 3 条规定传染病分为甲类、乙类和丙类。第 27 条要求，对被传染病病原体污染的污水、污物、场所和物品，有关单位和个人必须在疾病预防控制机构的指导下或者按照其提出的卫生要求，进行严格消毒处理；拒绝消毒处理的，由当地卫生行政部门或者疾病预防控制机构进行强制消毒处理。

关于有毒物质。是指对机体发生化学或物理化学的作用，因而损害机体，引起功能障碍、疾病，甚至死亡的物质。有毒物质可分为无机毒物和有机毒物两大类。如汞、铅、砷、镉、铬、氟等属于无机毒物，其中有许多能在生物体中富集积累。有机毒物如酚、氰、有机氯、有机磷、有机汞、乙烯等。

关于其他危险废物。其他危险废物则是指上述列举之外的，列入国家危险废物名录或根据国家规定的危险废物鉴别标准和鉴别方法认定的具有危险特性的废物。根据我国加入的《巴塞尔公约》，其他危险废物主要是指从住家搜集的废物和从焚化住家废物产生的残余物。

最后，行为后果达到法定量刑标准。《最高人民检察院、公安部关于公安机关管辖的刑事案件立案追诉标准的规定（一）》《环境污染司法解释》《刑法》对污染环境行为的法定量刑标准作出了相关规定。

（三）企业环境刑事合规的重要性

1. 企业环境刑事合规建设能够帮助企业有效防范环境刑事法律风险。

当今社会，企业在生产经营过程中面临的法律风险不仅种类多，而且危险程度高。伴随国家经济发展模式的转型，在这些众多的法律风险中，环境刑事法律风险对企业的影响越来越大，这种现状在刑事立法、司法与理论研究等方面均有所体现：从刑事立法来看，自 1997 年现行《刑法》设置专门章节对环境犯罪加以系统规定以来，关于环境犯罪的条文（主要是《刑法》分则第六章第六节）共计被修改过 7 次、涉及 6 个条文，增设罪名 3 个，最高人民法院、最高人民检察院出台的司法解释数量更多，环境犯罪领域立法变动之剧烈由此可见一斑；从刑事司法来看，近年来最高人民法院、最高人民检察院发布了大量有关环境犯罪的指导案例与典型案例，其中企业犯罪案例所占的比重越来越大，对企业环境犯罪的追责力度逐渐增强。

生态环境保护成为企业在生产经营过程中必须妥善处理的问题，只有在生态友好的基础上才能实现企业的可持续发展，企业环境刑事合规的建设恰恰能够帮助企业有效防范环境刑事法律风险。具体而言，由企业实施的环境犯罪行为在成因上基本可以划分为内部对经济利益的追求与外部监管的失灵两个方面，前者主要由企业的本质所决定，在一定程度上具有不可避免性，因此企业的环境违法犯罪行为以往主要由政府等公权力机关来规制。但随着环境公共事件的频繁发生，以公权力机关为主体的规制越来越无法满足企业环境犯罪治理的需求。与此同时，环境犯罪治理的专业性要求越来越高，而公权力机关由于财政、专业能力等原因的限制，在企业环境犯罪的有效治理上越来越力不从心，由企业自行构建环境监管制度（包括清洁生产促进制度、污染物减排制度、循环经济促进制度等）的“自我规制”成为“第三代环境治理”的显著特点，相关企业通过内部制度的构建和实施、将自身置于政府监管和社会声誉的优势地位，并依托这种优势地位来获取竞争上的优势，刑事合规正是企业进行自我监管制度构建的重要内容和关键领域，通过对企业管理结构、生产方式、员工行为等多方面、全过程的合规管理，在一定程度上将《刑法》的威慑力由企业外部贯彻落实到了企业内部，树立绿色发展理念，以获得经济活动中的竞争优势，由内及外地降低企业的环境刑事法律风险。

2. 企业环境犯刑事合规能够增强企业应对环境刑事法律风险的能力。

刑事合规通常是作为一种企业实施犯罪行为后的抗辩事由，合规计划的存在以及有效执行成为企业在犯罪后获得从宽处理的必要条件。这表明，如果企业意欲将合规作为无罪或者刑罚从宽的抗辩依据，就必须建立有效的刑事合规计划并切实执行，而合规计划通过对企业治理结构与内控机制的持续影响和深刻改变，旨在强化企业的自我管理与犯罪预防能力，不仅逐渐取代了公司法与企业治理在企业行为控制及监督上的功能与作用，而且重塑了企业犯罪的规范表达与规制进路，是一项对企业组织体彻底进行系统化、规范化改造的改革措施，其对企业原有生产经营管理模式的改变往往是颠覆性的。这一方面体现在企业组织体结构上的改变，另一方面体现在企业文化的重塑与强化之上。在最高人民检察院发布的第一批企业合规改革试点典型案例“张家港市 L 公司、张某甲等人污染环境案”中，检察机关与涉案企业达成一致，后者在检察机关的指导下开展合规建设，L 公司聘请律师对合规建设进行初评，全面排查企业合规风险，制订详细合规计划，检察机关委托税务、生态环境、应急管理等部门对合规计划进行专业评估，L 公司每月向检察机关书面汇报合规计划实施情况。经过为期半年的合规改革，L 公司最终改变了原来野蛮粗放的发展运营模式，经济效益和抗风险能力均得到大幅度提升，检察机关对该企业作出不起诉处理。刑事合规从完善企业组织管理的“硬实力”与培养企业绿色发展理念的“软实力”两方面着手，既增强了企业应对环境刑事法律风险的能力，同时也强化了企业在保护自然生态环境过程中所扮演的角色，从整体上提升了企业的价值。

（四）企业运行过程环保刑事合规管控重点

为保证企业的生产经营行为不对生态环境产生负面影响，国家制定了一系列的法律制度对企业进行监督管控，降低企业生产经营行为对生态环境造成的负担，环保合规管控重点制度有建设项目“三同时”制度、排污许可制度、碳排放管理制度和环境信息披露制度等。[1]

1. 建设项目“三同时”制度。“三同时”指的是建设项目中环境保护设施与主体工程同步设计、同时施工、同时投产使用。企业违反“三同时”制度的违法行为中，最常见的是未批先建、未验先投两种行为。当建设项目发生重大变更或建设项目的环境影响评价文件自批准后超过5年未开工建设的，企业需要重新报批环境影响评价文件。而建设项目开工建设前的地质勘探、临时建筑、平整场地、通水、通电等准备工作不属于开工建设，因此企业可以先行为之。其次，企业需要注意建设项目环境保护设施验收期限，特别是实施排污许可管理的企业，需要取得排污许可证后方能试生产。未验先投违法行为实施双罚制，处罚力度较大，违法责任的承担主体，不仅仅是企业，企业的环保负责人也需要为此承担一定的法律责任，因此企业应予高度重视。

2. 排污许可制度。《排污许可管理条例》自2021年3月1日正式实施，根据污染物产生量、排放量、对环境的影响程度等因素，对排污单位实行排污许可分类管理，强化排污单位的主体责任。在“一证式”管理模式下，排污单位应当如实、规范编制排污许可证执行报告，依法落实自行监测、污染物排放及各项环境管理要求。同时，《排污许可管理条例》等相关法律法规还需要企业做好排污许可证后管理、自行排污监测以及公开污染物排放信

〔1〕 参见史云贵、刘晓燕：《绿色治理：概念内涵、研究现状和未来展望》，载《兰州大学学报（社会科学版）》2019年第3期。

息等延伸义务。违反排污许可证制度同样会面临行政、民事、刑事的法律责任，例如，无证排污、偷排、篡改或伪造监测数据、不正常运行污染防治设施的违法行为，可能构成犯罪或被行政拘留。

3. 碳排放管理制度。我国在各省市逐渐启动了碳排放权交易试点工作，被列入重点排放单位范围的企业应当控制温室气体排放，报告碳排放数据，清缴碳排放配额，公开交易及相关活动信息，并接受生态环境主管部门的监督管理。随着国家对重点排放单位的处罚措施趋于严格，纳入重点排污单位范围的扩大，企业需要及时根据市场发展和自身实际，明确企业的碳排放合规义务，防止因违规行为遭受行政处罚，从而对企业的信用评级与综合发展评价产生不利影响。

4. 环境信息披露制度。《企业环境信息依法披露管理办法》等法律法规中规定的强制性信息披露的主体需要开展环境信息强制性披露，按照企业环境信息依法披露格式准则编制年度环境信息依法披露报告，并上传至企业环境信息依法披露系统。在企业环境信息强制性披露制度下，唯有有效运行环保合规体系，严格执行合规体系中的管控措施，依法如实披露信息方为应对之策。未及时披露环境信息的企业会受到生态环境主管部门的行政处罚，违规披露、不披露重要信息的企业可能涉嫌刑事犯罪，承担刑事责任，虚假陈述还会引发企业及董监高、实际控制人的民事赔偿诉讼。

（五）环保合规风险应对策略

在整体环境保护监管力度加大的情况下，企业面临较大的环保合规风险，许多企业因实施环境违法行为而受到环保处罚，而环保处罚除了直接导致企业甚至企业负责人需要缴纳一笔大额罚金外，还会带来更多的间接经济损失。行政处罚记录会对企业的招投标、出让土地、上市、行政许可审批等行为造成一定阻碍，还会影响税收优惠政策。企业可从以下几个方面应对环境风险。

1. 重视群众投诉。群众投诉是生态环境部门执法信息来源非常重要的渠道，企业需要重视群众的投诉，做好与群众的沟通工作，日常通过向群众了解舆情以自查整改。

2. 正确应对环保现场检查。在面对生态环境部门上门现场检查时，企业有关人员要取得内部授权，做好现场检查笔录与询问笔录，及时向上级领导及企业负责人汇报情况，企业需组织专业的技术和法律人员，识别合规风险，积极配合监管部门并进行有效沟通。

3. 积极整改。在新《行政处罚法》背景下，生态环境部门倾向于柔性执法，对于满足违法行为轻微、未造成环境污染后果、及时改正、污染小、违法行为持续时间短等一定条件的环境违法行为，企业积极整改且做好与监管部门的沟通工作后，在很大程度上能够争取轻罚和免罚的结果。

4. 善用陈述申辩和听证权利。企业在面临环保行政处罚时，充分享有陈述、申辩与听证的权利。企业应积极善用陈述申辩和听证权利，必要时应聘请专业的法律人士协助处理，尽早介入，争取减轻或免予处罚。

5. 建立环保合规风险信息沟通机制。企业应当建立有效的信息沟通机制，不仅便于部门间环保合规管理的协作，同时也可以达到相互监督的作用。[1]在企业员工识别到环保合规风险时，有效的信息沟通机制能够使企业最快速度地对环保合规风险作出反馈，在大型环境污染事件发生时，也能够及时进行应急准备并作出响应，最大限度地降低环境污染事件发生所造成的损害后果。有效的信息沟通机制也可以使领导层、最高管理者了解到企业现行环境管理体系在实践中不适应之处，及时改进。

6. 建立环保合规审查与评估机制。企业的环保合规管理体系是否能够识别、规避实际生产运营中的合规风险，并对合规风险进行应对，需要建立环保合规审查与评估机制，定期或不定期对环保相关规章制度、重大决策、重大合同进行审查，及时对不合规的内容提出修改建议。对环保合规管理体系的有效性进行分析评估，适当的时候可以聘请第三方机构评估和论证，

---

〔1〕 参见王文中、王春晖：《中国企业环境保护合规风险防范机制与对策》，载《生态经济》2008年第9期。

不断改进环保合规管理体系，有效的风险规避措施能够得到真正实施与运行，无效或不足的措施能够得到及时完善。[1]

7. 增强环保合规文化宣传。企业的环保合规风险管理需要全员参与，企业员工一般为最直接面对以及最容易察觉企业环保合规管理风险的主体，因此对于企业员工需要充分培养其环保合规意识，并使其明确其操作行为可能带来的环境影响、合规风险以及需要承担的法律责任。为此，每一个员工都需要了解企业的环保合规管理制度，需要了解具体的合规操作行为准则。同时，完备、有效、可持续发展的环保合规文化体系建设，离不开环保合规文化的宣传。环保合规文化宣传关系到环保合规体系的顺利运行和运行效果。企业需要重视环保合规文化的宣传，定期对员工进行环保合规培训，将员工的合规考评与绩效结合，对有环境违规行为的员工进行问责，达到全员参与合规、主动合规的效果，增强员工的环保合规风险防范意识，强化企业全体员工的环境保护责任意识。

在环境保护严监管的形势下，企业需要充分认识到环保合规风险管理的重要性，建立健全环保合规风险防范机制和对策，掌握正确及高效地识别、预防、应对环保合规风险的方法，提升环境保护意识，用长远的眼光看待环境保护问题，将环保合规风险管理放置于更重要的企业发展战略地位。

典型案例六

汇泉化工贸易公司、韩某污染环境案

案情简介

韩某于2012年2月投资成立汇泉化工贸易公司，经营范围为危险化学品批发（不带仓储），注册地在江苏省海门市。从2013年8月至2014年5月，韩某违法在开发区竹行街道江东村新河储存

〔1〕 参见李传轩：《绿色治理视角下企业环境刑事合规制度的构建》，载《法学》2022年第3期。

运场擅自利用罐体仓储盐酸，执法人员现场查获3个卧罐、5个竖罐，罐体下私设地下暗管和水下暗管，将废酸偷排至河道，导致偷排点至入江口（长江）近3公里范围的水域受到严重污染。经查，韩某所在公司一共购进废酸2.7万吨，销售2.3万吨，最后警方认定偷排进新江海河的为4117.76吨。这些直接排进新江海河的盐酸pH值均小于1，有腐蚀性，属于危险废物。

裁判结果

2016年1月，港闸法院一审判决汇泉公司犯单位污染环境罪，处罚金人民币30万元；判决韩某犯污染环境罪，处有期徒刑1年9个月，并处罚金1.5万元；另判处汇泉公司2名涉案员工缓刑并处罚金。

案件分析

依据我国《刑法》第338条的规定，"污染环境罪"是指违反国家规定，排放、倾倒或者处置有放射性的废物、含传染病病原体的废物、有毒物质或者其他有害物质，严重污染环境的行为。另外，依据《最高人民法院 最高人民检察院关于办理环境污染刑事案件适用法律若干问题的解释》第1条的规定，实施《刑法》第338条规定的行为，具有下列情形之一的，应当认定为"严重污染环境"：

1. 在饮用水水源保护区、自然保护地核心保护区等依法确定的重点保护区域排放、倾倒、处置有放射性的废物、含传染病病原体的废物、有毒物质的；

2. 非法排放、倾倒、处置危险废物3吨以上的。

本案中，汇泉公司违反国家规定，非法排放、倾倒、处置危险废物为4117.76吨，远超司法解释规定的非法排放、倾倒、处置危险废物3吨以上的入罪标准，构成污染环境罪，应当依法承担刑事责任。

示例十五

环境污染合规管理制度

第一条　本制度制定的目的在于使企业各项活动与环境保护法律、法规、政策、标准及相关规定相一致，保障生态安全。

第二条　企业环境污染合规管理体系是企业管理体系的重要组成部分，包括为制定、实施、实现、保持环境污染合规目标所需的合规管理活动、程序、过程和资源。

第三条　企业环境污染合规的全生命周期包括项目前期、建设期、运营期和退役期的整个过程。项目前期是指项目收集相关信息、做出项目投资决策、开工前办理可行性研究、环境影响评价、初步设计等各项管理手续的阶段。建设期项目是指从正式开工建设至项目建成投产运营的阶段。运营期是指项目建成投产到项目服务期满的阶段。退役期是指企业终止生产经营活动（或服务期满）之后的时期。

第四条　企业应当在建设项目前期开展项目可行性研究，在可行性研究报告中设置生态环境保护章节，充分识别生态环境影响要素和环节，提出合理的生态环境保护和治理措施，明确环保投资估算。

第五条　纳入企业建设项目环境影响评价管理的项目，应开展环境影响评价工作。

第六条　建设项目的环境污染防治措施、生态环境保护与修复措施应与主体工程同时设计。初步设计应包括环境保护篇章，落实防治环境污染和生态防护、修复措施及环境保护投资概算。

第七条　企业在排污之前，应当按照规定的程序申请并取得排污许可证。按照国家相关规定设置排污口和环境保护环境图形标志，避免造成二次污染。

第八条 可能发生突发环境事件的企业，应当按照有关规定制定或修订突发环境事件应急预案，并报相关主管部门备案。储备必要的环境应急装备和物资，定期开展应急培训及演练。

第九条 企业应当定期或不定期进行环境风险源、风险物质识别排查，建立隐患排查治理档案，及时发现并消除环境风险。

第十条 编制环境影响报告书（表）的建设项目竣工后，应当按照相关要求，对配套建设的环境保护设施进行验收，并编制验收报告。按相关规定公示验收报告并将验收过程中的相关资料存档备查。

第十一条 为了大气污染防治，企业应当开展定期巡检，保证各项废气收集管道无破损、无堵塞，污染治理设施完好、正常运行。在废气处理场所醒目位置悬挂岗位操作手册、环境保护工作人员岗位职责和污染治理设施工艺流程图等标牌。加强物料储存、输送、装卸及生产工艺过程无组织废气的精细化管理，采取密闭、封闭、集中收集处理等措施，减少无组织污染物的排放。

第十二条 为了水污染防治，企业新建、改建、扩建直接或者间接向水体排放污染物的建设项目和其他水上设施，应当依法进行环境影响评价。建设项目的水污染防治设施，应当与主体工程同时设计、同时施工、同时投入使用。水污染防治设施应当符合经批准或者备案的环境影响评价文件的要求。

第十三条 企业向水体排放污染物的，应当按照法律、行政法规和国务院环境保护主管部门的规定设置排污口，按照规定的程序排污许可证。对所排放的水污染物自行监测，并保存原始监测记录。

第十四条 企业可能产生环境噪声污染的，应当设置噪声污染防治设施，并开展定期巡检，保证噪声污染防治设施的正常使用。

第十五条　企业应当按照国家相关规定，对产生的除产品和副产品以外的物质，进行固体废物属性识别。按国家相关规定将固体废物（含危险废物）分类收集、贮存、运输、利用、处置，并设置符合国家规定的固体废物贮存场所标识。

第十六条　企业委托第三方运输、利用、处置固体废物前，应核实受托方的主体资格及技术能力，并签订污染防治合同，在合同中明确各方污染防治要求。

企业转移危险废物的，按照国家有关规定填写、运行危险废物电子或者纸质转移联单。需要跨省转移固体废物及危险废物的，转移过程按照相关要求执行。制定危险废物管理计划并备案。

第十七条　土壤环境污染重点监管企业应当按照国家相关规定开展土壤和地下水环境调查与监测、风险评估与管控、隐患排查、治理与修复、有毒有害物质风险防控等，并公开相关信息。

第十八条　企业在退役期应当按照国家相关规定进行污染防治活动，对地表水、地下水、土壤环境等进行跟踪监测，开展场地生态修复。

…………

六、安全生产刑事合规管理

安全生产是企业发展的基础和保障，也是企业履行社会责任和法律义务的重要内容。随着国家对安全生产监管力度的不断加大，企业如何有效地进行安全生产合规管理，成为一个亟待解决的问题。本节旨在探讨企业在安全生产领域应当遵守的法律法规和规章制度，分析企业可能面临的安全生产风险点和法律责任，提出企业进行专项合规制度建设的建议和措施。

根据国家安全生产监督管理部门的统计数据，2022 年全国共发生各类安全生产事故 1.2 万起，造成 1.5 万人死亡，同比分别下降 8.7% 和 9.3%。这说明国家对安全生产领域的监管力度不断加大，企业的安全生产合规水平不断提高。同时，也有一些企业因为忽视安全生产合规管理而导致严重的后果。例如，2021 年 11 月 15 日，河北省邯郸市永年区一家化工厂发生爆炸事故，造成 10 人死亡，19 人受伤，直接经济损失达 1.2 亿元。经查，该厂未按照安全生产法规办理相关手续，存在严重的安全隐患和违规操作。这些数据和案例说明了企业进行安全生产合规管理的必要性和紧迫性。

（一）安全生产刑事合规管理的法律依据

国家对安全生产领域有着严格和完善的法律法规体系，包括《安全生产法》《消防法》《劳动法》等。这些法律法规明确了企业在安全生产方面应当遵守的基本原则、具体要求和责任义务。如果企业违反了这些法律法规，将会受到相应的行政处罚、刑事处罚甚至民事赔偿。因此，企业进行安全生产合规管理，是遵守国家法律法规的必然要求。企业作为社会公众利益相关者之一，应当承担相应的社会责任。安全生产不仅关系到企业自身的利益和发展，也关系到员工的健康和权益，以及社会公共安全和稳定。如果企业发生了严重的安全生产事故，将会造成人员伤亡、财产损失、环境污染等严重后果，影响社会秩序和公众信心。因此，企业进行安全生产合规管理，是履行社会责任和公民义务的必然选择。

（二）安全生产刑事合规的必要性

进行安全生产合规管理，不仅可以避免或减少因违法违规而造成的经济损失和信誉损害，也可以提高企业的经营效率和竞争力。通过建立健全的安全生产制度和机制，企业可以提升员工的安全意识和技能水平，优化工作流程和环境条件，降低生产成本和风险，增加产品质量和客户满意度，从而实现企业的可持续发展。因此，企业进行安全生产合规管理，是提高经济效益和市场地位的必然途径。

（三）安全生产刑事合规的重点风险点

1. 责任体系和资金投入机制：企业在安全生产方面应当建立明确的责任体系，明确各级管理人员和从业人员的安全生产责任，实行目标管理、考核评价、奖惩激励等机制，保证安全生产责任的落实。同时，企业应当保证安全生产所需的资金投入，合理配置安全生产资源，保障安全生产设施和设备的更新换代、维护保养等。如果企业在这两个方面存在缺失或不足，将会导致安全生产责任不清、不落实，以及安全生产资金不足、不到位，从而增加安全生产风险。

2. 检查与隐患排查治理：企业在安全生产方面应当定期开展内部和外部的检查，及时发现和消除安全隐患，防止事故的发生。同时，企业应当建立健全隐患排查治理制度，明确隐患排查治理的程序、时限、责任、措施等，确保隐患排查治理的有效性和及时性。如果企业在这两个方面存在疏忽或漏洞，将会导致安全隐患积累、扩散，从而引发事故的发生。

3. 事故和突发事件应急处置管理：企业在安全生产方面应当制定和完善应急预案，明确应急组织、指挥、协调、通讯、救援等内容，提高应急响应能力和效率。同时，企业应当定期开展应急演练，检验和完善应急预案，提高员工的应急技能和素质。如果企业在这两个方面存在缺陷或不足，将会导致事故或突发事件发生时无法及时有效地进行处置，从而造成事故损失的扩大。

（四）安全生产风险的防范

针对上述重点风险点，企业可以采取以下一些防范措施和应对策略：

1. 加强责任体系和资金投入机制的建设和落实，明确各级各岗位的安全生产责任，并通过考核评价、奖惩激励等方式进行督促检查。同时，合理制定安全生产资金预算，并按照计划进行资金投入和使用，保障安全生产设施和设备的正常运行和更新换代。

2. 加强检查与隐患排查治理的执行和监督，定期组织内部和外部的安全生产检查，及时发现和消除安全隐患。同时，建立健全隐患排查治理制度，明确隐患排查治理的程序、时限、责任、措施等，并进行有效的督办和复查，确保隐患排查治理的有效性和及时性。

3. 加强事故和突发事件应急处置管理的制定和完善，根据企业的实际情况和可能面临的风险，制定和完善应急预案，明确应急组织、指挥、协调、通讯、救援等内容。同时，定期开展应急演练，检验和完善应急预案，提高员工的应急技能和素质。

（五）安全生产的法律责任

1. 刑事责任：企业及其相关责任人在安全生产方面如果违反了《刑法》等法律法规，造成严重后果，将会受到刑事处罚，包括罚金、拘役、有期徒刑、无期徒刑甚至死刑。例如，根据《刑法》第135条的规定，因违反安全生产管理规定，造成重大事故，致人死亡或者重伤的，对直接负责的主管人员和其他直接责任人员，处3年以下有期徒刑或者拘役；情节特别严重的，处3年以上7年以下有期徒刑。根据《刑法》第136条的规定，因违反安全生产管理规定，造成重大事故，致人死亡或者重伤的，对负有监督管理责任的国家机关工作人员或者其他单位的负责人，处3年以下有期徒刑或者拘役；情节特别严重的，处3年以上7年以下有期徒刑。

2. 行政责任：企业及其相关责任人在安全生产方面如果违反了《安全生产法》等法律法规，造成不良后果，将会受到行政处罚，包括警告、罚款、没收违法所得、吊销许可证或者营业执照、责令停产整顿等。例如，根据《安全生产法》第99条规定："生产经营单位有下列行为之一的，责令限期改正，处五万元以下的罚款；逾期未改正的，处五万元以上二十万元以下的罚款，对其直接负责的主管人员和其他直接责任人员处一万元以上二万元以下的罚款；情节严重的，责令停产停业整顿；构成犯罪的，依照刑法有关规定追究刑事责任：（一）未在有较大危险因素的生产经营场所和有关设施、设备上设置明显的安全警示标志的；（二）安全设备的安装、使用、检测、改造和报废不符合国家标准或者行业标准的；（三）未对安全设备进行经常性维护、保养和定期检测的；（四）关闭、破坏直接关系生产安全的监控、报警、防护、救生设备、设施，或者篡改、隐瞒、销毁其相关数据、信息的；（五）未为从业人员提供符合国家标准或者行业标准的劳动防护用品的；（六）危险物品的容器、运输工具，以及涉及人身安全、危险性较大的海洋石油开采特种设备和矿山井下特种设备未经具有专业资质的机构检测、检验合格，取得安全使用证或者安全标志，投入使用的；（七）使用应当淘汰的危及生产安全的工艺、设备的；（八）餐饮等行业的生产经营单位使用燃气未安装可燃气体报警装置的。"

3. 民事责任：企业及其相关责任人在安全生产方面如果违反了《民法典》《消费者权益保护法》等法律法规，侵害了他人的合法权益，将会承担民事赔偿责任，包括停止侵害、消除影响、恢复原状、赔礼道歉、赔偿损失等。例如，根据《民法典》第1206条的规定，因生产经营活动造成他人损害的，侵权人应当承担侵权责任。根据《民法典》第1207条的规定，因生产经营活动造成他人死亡的，被侵权人有权请求相应的惩罚性赔偿。

典型案例七

新疆维吾尔自治区克拉玛依市吴某玉重大责任事故案

案情简介

2021年3月初，A工程建设集团有限公司（以下简称A公司）与B公司签订《锦兴路项目建设工程施工（劳务）分包合同》，约定由B公司完成克拉玛依区九公里别墅区锦绣路排水管道清淤、管道疏通工作。施工期间，B公司实际负责人吴某玉违反安全管理规定，不履行安全生产管理责任，未组织制定本单位安全生产规章制度和操作规程，未组织安全生产培训，未对现场施工人员进行安全教育和施工检查，未及时发现并消除安全生产隐患。2021年3月30日14时30分许，施工人员姜某安、胡某、邹某枫、陈某平四人受吴某玉指派，在开展管道清淤、管道疏通作业时，现场指挥员姜某安违反安全操作规程，安排未采取任何防护措施的陈某平下井作业，陈某平在井内吸入有毒气体中毒，姜某安、胡某二人违反安全操作规程依次下井施救，最终陈某平、姜某安、胡某三人先后吸入有毒气体溺水，经抢救无效死亡。

裁判结果

2022年4月2日，新疆维吾尔自治区克拉玛依市克拉玛依区人民检察院以被告人吴某玉涉嫌重大责任事故罪依法提起公诉。同年4月18日，克拉玛依区人民法院采纳检察机关的指控及量刑建议，以重大责任事故罪判处被告人吴某玉有期徒刑3年，缓刑3年。判决已生效。

典型案例八

江苏天某安全技术公司、柏某等提供虚假证明文件案

案情简介

江苏响水某化工公司是依法注册成立的化工企业，在生产过程中擅自改变工艺析出废水中的硝化废料，并对析出的硝化废料刻意隐瞒，大量、长期堆放于不具有安全贮存条件的煤棚、旧固废库等场所内。

江苏天某安全技术公司具有国家安全评价机构甲级资质，在接受该化工公司委托开展安全评价服务过程中，仅安排安全评价师柏某一人到公司现场调研甚至不安排任何人员进行现场调研即编制安全评价报告。柏某未对该化工公司提供的硝化工艺流程进行跟踪核查，故意编制虚假报告，项目组其他成员均未实际履行现

场调研等职责即在安全评价报告上签名，先后为该化工公司出具2013年和2016年安全评价报告、2016年重大危险源安全评估报告和2018年复产安全评价报告等4份与实际情况严重不符的虚假安全评价报告，共计收取费用17万元，致使该化工公司存在的安全风险隐患未被及时发现和得到整改。2019年3月21日14时48分许，贮存在该化工公司旧固废库内的大量硝化废料因积热自燃发生爆炸，造成78人死亡、76人重伤，640人住院治疗，直接经济损失198,635.07万元。

经事故调查组调查认定，中介机构弄虚作假，出具虚假失实文件，导致事故企业硝化废料重大风险和事故隐患未能及时暴露，干扰误导了有关部门的监管工作，是事故发生的重要原因。

裁判结果

江苏省阜宁县人民检察院以提供虚假证明文件罪对江苏天某安全技术公司和柏某等被告人提起公诉。阜宁县人民法院经审理认为，江苏天某安全技术公司作为承担安全评价职责的中介组织，故意提供虚假证明文件，情节严重，行为构成提供虚假证明文件罪；柏某作为该公司提供虚假证明文件犯罪的其他直接责任人员，行为亦构成提供虚假证明文件罪。柏某有自首情节，依法从轻处罚，法院以提供虚假证明文件罪判处江苏天某安全技术公司罚金人民币30万元；判处柏某有期徒刑3年6个月，并处罚金人民币2.5万元。对其他被告人依法判处相应刑罚。

示例十六

×××公司生产安全合规管理制度

第一章　总　　则

第一条　为了加强×××公司（以下简称本公司）的生产安

全管理，保障本公司的生产经营活动符合国家有关法律法规、行业标准和社会公德，防止和减少生产安全事故的发生，维护本公司和员工的合法权益，依据《中华人民共和国安全生产法》《涉案企业合规建设、评估和审查办法（试行）》《合规管理体系 要求及使用指南》（GB/T 35770—2022）国家标准等有关法律法规，结合本公司的实际情况，制定本制度。

第二条 本制度适用于本公司全体员工。

第三条 本制度所称生产安全，是指本公司全体员工在从事基础建设相关的设计、施工、监理、运营等活动中，遵守国家有关安全生产的法律法规、标准规范、行业规则等要求，采取有效措施，预防和控制生产过程中可能发生的各类事故和危害，保障人身财产安全和社会稳定。

第四条 本制度所称生产安全事故，是指本公司全体员工在从事基础建设相关的设计、施工、监理、运营等活动中，由于人为或自然原因造成人员伤亡、财产损失或环境污染等后果的突发事件。

第五条 本制度所称生产安全合规管理，是指以有效防控生产安全风险为目的，以本公司全体员工的生产安全行为为对象，开展包括制度建设与执行、风险识别与评估、隐患排查与治理、应急预案与演练、教育培训与宣传、检查评价与考核、事故调查与处理等有组织、有计划的管理活动。

第六条 生产安全合规管理应遵循以下原则：

（一）预防为主。以预防为主，以消除隐患为重点，实施源头防范和过程控制，提高预见性和主动性。

（二）责任到人。坚持谁主管谁负责，谁经营谁负责，谁作业谁负责的原则，明确各级领导干部和员工的安全生产责任，并督促落实。

（三）协同配合。加强部门间和单位间的沟通协调和信息共享，形成合力推进安全生产工作。

（四）持续改进。不断完善安全生产管理体系，加强监督检查和评价考核，总结经验教训，推动安全生产水平不断提高。

第七条　本公司应当建立健全安全生产目标责任制度，将安全生产目标分解到各级领导干部和员工，并将其作为考核评价的重要内容。本公司应当建立健全安全生产奖惩制度，对在安全生产工作中表现突出或者做出贡献的单位和个人给予表彰和奖励，对违反安全生产规章制度或者造成安全生产事故的单位和个人给予批评和处罚。

第八条　本公司应当建立健全安全生产教育培训制度，按照国家有关安全生产教育培训的规定和要求，制定本公司的安全生产教育培训计划，明确培训对象、内容、方法、周期、标准等，并组织实施。本公司应当建立健全安全生产宣传制度，利用各种形式和渠道，广泛开展安全生产宣传活动，提高本公司和社会公众的安全生产意识和水平。

第九条　本公司应当建立健全安全生产信息管理制度，按照国家有关安全生产信息的规定和要求，收集整理本公司的安全生产信息和数据，包括但不限于安全生产目标和计划、安全生产规章制度和操作规程、安全风险识别评估和隐患排查治理情况、应急预案和应急演练情况、安全教育培训和宣传情况、安全生产投入和支出情况、安全生产奖惩情况、安全生产事故和事故调查处理情况等，并定期编制分析报告，为本公司的安全生产管理提供依据和参考。

第十条　本公司应当建立健全安全生产档案管理制度，按照国家有关档案管理的规定和要求，建立本公司的安全生产档案，包括但不限于本公司的安全生产管理体系文件、安全风险识别评估报告、隐患排查治理台账、应急预案和应急演练记录、安全教育培训和宣传资料、安全设施设备和防护用品台账、安全生产考核评价结果、安全生产事故和事故调查处理报告等，并按照规定进行归档保管和利用。

第二章　安全生产责任

第十一条　本公司总经理作为本公司安全生产第一责任人，应当履行以下职责：

（一）制定本公司的安全生产目标和计划，并组织实施；

（二）审批本公司的安全生产规章制度和操作规程，并监督执行；

（三）审批本公司的安全风险识别评估和隐患排查治理方案，并督促落实；

（四）审批本公司的应急预案，并组织实施应急演练；

（五）批准本公司的安全教育培训和宣传计划，并检查培训效果；

（六）决定本公司的安全生产投入和支出，并保障安全生产经费的充足和合理使用；

（七）决定本公司的安全生产奖惩措施，并公布执行；

（八）定期召开本公司的安全生产工作会议，听取各级领导干部和安全管理机构或者安全管理人员的工作汇报，分析研究本公司的安全生产形势和问题，提出改进措施；

（九）及时向上级主管部门报告本公司的安全生产工作情况，接受上级主管部门的监督检查和指导；

（十）对本公司发生或者可能发生的重大事故隐患和事故，及时采取有效措施，组织开展事故调查处理工作，并按照规定报告处理结果。

第十二条　本公司各单位的主要负责人作为本单位的安全生

产第一责任人，应当履行以下职责：

（一）贯彻执行本公司的安全生产目标和计划，制定本单位的安全生产工作计划，并组织实施；

（二）贯彻执行本公司的安全生产规章制度和操作规程，制定本单位的安全生产管理制度和操作规程，并监督执行；

（三）贯彻执行本公司的安全风险识别评估和隐患排查治理方案，组织开展本单位的安全风险识别评估和隐患排查治理工作，并建立健全风险清单和隐患台账；

（四）贯彻执行本公司的应急预案，组织开展本单位的应急演练；

（五）贯彻执行本公司的安全教育培训和宣传计划，组织开展本单位的安全教育培训和宣传活动，并检查培训效果；

（六）保证本单位的安全生产经费的充足和合理使用，配备必要的安全设施设备和防护用品，并定期检查维护；

（七）实行本单位的安全生产奖惩措施，并公布执行；

（八）定期向本公司总经理和安全管理机构或者安全管理人员报告本单位的安全生产工作情况，接受本公司总经理和安全管理机构或者安全管理人员的监督检查和指导；

（九）对本单位发生或者可能发生的重大事故隐患和事故，及时采取有效措施，组织开展事故调查处理工作，并按照规定报告处理结果。

第十三条 本公司各级领导干部和员工应当按照岗位职责和安全规程履行安全生产职责，具体如下：

各级领导干部应当：

（一）带头遵守本公司的安全生产规章制度和操作规程，树立良好的安全生产意识和行为；

（二）积极参与本公司的安全生产工作会议，提出建议和意见；

(三)关心关注本公司的安全生产工作情况,及时了解和解决本公司的安全生产问题;

(四)支持配合本公司的安全管理机构或者安全管理人员开展安全生产管理工作;

(五)配合本公司的应急预案,参与应急演练和应急处置工作;

(六)配合本公司的安全教育培训和宣传活动,学习提高自身的安全生产知识和技能;

(七)配合本公司的安全生产考核评价工作,接受考核评价结果;

(八)配合本公司的事故调查处理工作,积极提供相关信息和证据。

员工应当:

(一)遵守本公司的安全生产规章制度和操作规程,按照规定穿戴防护用品,使用安全设施设备,执行安全操作程序;

(二)参加本公司的安全教育培训和宣传活动,掌握自身岗位的安全生产知识和技能;

(三)参与本公司的风险识别评估和隐患排查治理工作,及时发现并上报风险隐患,并按照要求采取控制措施;

(四)参与本公司的应急演练和应急处置工作,按照预案执行应急措施;

(五)遇到危险情况,立即停止作业,并及时报告并采取紧急措施;

(六)遇到事故或者事故征兆,立即报告并采取紧急措施,并积极配合事故调查处理工作。

第三章　安全生产管理

第十四条　本公司应当按照国家有关安全生产事故的规定和要求,建立健全安全生产事故的预防和处理机制,采取有效措施,防范和减少安全生产事故的发生和扩大。

第十五条　本公司应当对可能发生的各类安全生产事故进行分类，根据事故的性质、危害程度、影响范围等因素，确定事故的等级，并按照国家有关事故等级划分的标准和程序，进行认定和报告。

第十六条　本公司应当对已发生或者可能发生的重大事故隐患和事故，及时采取有效措施，组织开展事故调处理工作，并按照国家有关事故调查处理的规定和要求，确定事故原因、责任、损失、教训等，并提出整改措施和建议。

第十七条　本公司应当对已发生的安全生产事故，按照国家有关赔偿责任的规定和要求，及时妥善处理本公司和员工、受害人、社会公众等各方面的赔偿事宜，并积极配合有关部门进行赔偿核算和监督。

第十八条　本公司应当对已发生的安全生产事故，按照国家有关追究责任的规定和要求，依法依规追究本公司和相关责任人员的法律责任，并积极配合有关部门进行责任认定和处罚。

第十九条　本公司应当对已发生的安全生产事故，按照国家有关事后管理的规定和要求，及时恢复正常生产秩序，加强安全风险识别评估和隐患排查治理工作，防止类似事故的再次发生。

第四章　安全生产监督检查

第二十条　本公司应当建立健全安全生产监督检查制度，按照国家有关安全生产监督检查的规定和要求，制定本公司的安全生产监督检查方案，明确监督检查的对象、内容、方法、周期、标准等，并组织实施。

第二十一条　本公司总经理或者其指派的人员应当定期对本公司各单位进行安全生产监督检查，并形成书面报告。监督检查内容主要包括：

(一)本单位是否落实了安全生产目标和计划;

(二)本单位是否执行了安全生产规章制度和操作规程;

(三)本单位是否开展了安全风险识别评估和隐患排查治理工作;

(四)本单位是否实施了应急预案和应急演练工作;

(五)本单位是否组织了安全教育培训和宣传工作;

(六)本单位是否保障了安全生产经费的充足和合理使用;

(七)本单位是否实行了安全生产奖惩措施;

(八)本单位是否及时报告了重大事故隐患和事故;

(九)本单位是否配备了必要的安全设施设备和防护用品,并进行了定期检查维护;

(十)本单位是否存在其他影响安全生产的问题。

第二十二条 本公司各单位的主要负责人或者其指派的人员应当定期对本单位的各部门、项目部、班组等进行安全生产监督检查,并形成书面报告。监督检查内容主要包括:

(一)本部门、项目部、班组等是否落实了安全生产目标和计划;

(二)本部门、项目部、班组等是否执行了安全生产规章制度和操作规程;

(三)本部门、项目部、班组等是否开展了安全风险识别评估和隐患排查治理工作;

(四)本部门、项目部、班组等是否实施了应急预案和应急演练工作;

(五)本部门、项目部、班组等是否组织了安全教育培训和宣传工作;

(六)本部门、项目部、班组等是否保障了安全生产经费的充足和合理使用;

(七)本部门、项目部、班组等是否实行了安全生产奖惩措施;

(八)本部门、项目部、班组等是否及时报告了重大事故隐患和事故;

(九)本部门、项目部、班组等是否配备了必要的安全设施设备和防护用品,并进行了定期检查维护;

(十)本部门、项目部、班组等是否存在其他影响安全生产的问题。

第二十三条 本公司应当对监督检查发现的问题,及时提出整改意见,并督促被检查单位或者个人按照规定的期限和要求进行整改。对整改不到位或者拒不整改的,应当按照本公司的安全生产奖惩制度进行处理。对造成或者可能造成重大后果的,应当及时向上级主管部门报告,并配合有关部门进行处理。

…………

七、数据刑事合规管理

随着人工智能时代的到来,数据成为促进当今社会发展的重要因素。与此同时,在数据采集、储存、传输、使用的过程中,面临个人信息泄露、非法获取计算机信息系统数据等众多刑事犯罪风险,给数据安全带来严重威胁。在此背景下,数据安全刑事合规对企业降低这方面的刑事犯罪风险、保护公民个人信息安全、保障企业合规发展具有重要的现实意义。

(一)企业数据安全刑事合规的概念

数据安全刑事合规属于刑事合规下的分支概念,刑事合规按照类型可划分为全面合规、诚信合规以及专项合规三种。[1]数据安全刑事合规属于数据

〔1〕 参见孙国祥:《刑事合规的刑法教义学思考》,载《东方法学》2020年第5期。

领域的专项合规。数据合规的原始概念主要侧重于数据安全，以保护数据不被窃取或滥用。在这种情况下，数据平台会对数据进行消毒、脱敏和加密，以确保数据的安全，防止数据被窃取或滥用。这种做法可以说是技术意义上的数据合规。不过，随着时间的推移，数据合规显然已不仅限于技术层面。数据合规还需要考虑更广泛的领域，包括数据合法性和社会责任等方面。

在我国，刑事数据合规在检察系统引入公司合规改革之前和之后都有涉及。这种活动既可以是自发的、内生的合规，在诉讼前实施，即由数据主体主导；也可以是被动的、外生的合规，在诉讼期间实施，即在涉案后实施，通常由检察机关和其他部门主导，他们监督实施情况，并要求数据主体补救与数据犯罪有关的风险点。这些活动可分别称为“实体法合规”、“程序法合规”、“诉前合规”或“诉讼合规”。虽然这种区分在理论上有一定价值，但其在实践中的重要性不能过分强调。一方面，数据领域的“诉讼合规”和“程序合规”也具有防止潜在违法行为的功能，应被理解为防止尚未发生的与数据相关的违法行为意义上的“诉前合规”。“前者”与“后者”相比，另一方面，前者不是无源之水，要从后者汲取智慧。当下我国拓展数据刑事合规探索的可行路径是形成两种模式对接的整体性推进。〔1〕一般而言，数据安全合规是指以《刑法》《个人信息保护法》《网络安全法》《数据安全法》等为支柱，以其他数据相关法律法规为补充，指导企业在收集、存储、传输、处理、销毁等整个数据周期中实施一系列预防、识别和应对措施；企业涉案后，可通过建立完善的合规体系，并对其有效性进行审查，达到保护企业健康发展和经济平稳运行的目的，从而实现合规而不被起诉。

（二）企业数据安全刑事合规的特征

1. 技术性

数据安全合规是技术性的，数据安全合规体系的运行必须以技术为基

〔1〕 参见刘品新：《论数据刑事合规》，载《法学家》2023年第2期。

础，并最终为技术服务。首先，数据本身的技术性。动态数据与互联网技术的发展密不可分。在当今的经济体系中，数据被视为一种新型资本，只有通过一系列技术手段才能获取，并将其转化为可以流转和使用的“产品”。在此基础上，无论是制定国家准则还是企业数据安全刑事合规体系，都应进行彻底的内部技术性。其次，数据处理的技术性。数据处理不是简单的汇总，必须通过技术手段进行，包括：对数据进行分级分类、隔离存储；对存储的一般认证信息、特定信息进行匿名化和脱敏处理；通过对管理者身份、数据日志进行分析，定期进行数据风险评估，日常数据管理等。就数据处理而言，要考虑技术要求，调用专业人才进行针对性处理。最后，数据风险识别的技术性。遵守数据安全的刑事规定，最重要的一点就是准确、及时地识别和提示数据安全风险，这个过程也是技术性的。在日常的数据存储和管理过程中，传统的数据识别、分类和评估手段已经落后，很难完全达到合规体系所要求的监管水平。当前，通过技术手段记录数据生命周期的全过程，了解其来源及流动方向，对于数据的使用与交易情况进行记录，将个人信息、商业信息、公共信息等进行分类型脱敏处理。针对不同数据的不同流通环节有针对性地进行风险提示。数据的技术性要求打造数据安全刑事合规，就是要利用好技术手段，以保障数据安全刑事合规的有效性和可持续性，提高风险防控效果。

2. 全面性

数据安全刑事合规具有全面性，需要开发一个涵盖数据生命周期和业务运营各个方面的刑事合规体系。数据安全刑事合规体系建设需要纵贯企业的研发、采购、生产、销售等环节。[1]同时，业务运营的各个环节都离不开数据分析的支持，构建刑事数据安全合规体系必须贯穿研发、采购、生产、流通等业务运营的各个环节。如何将刑事数据安全合规体系落实到生产经营全过

〔1〕 参见武东方:《数据刑事保护的检视与重塑——以刑事合规为切入点》，载《上海法学研究（集刊）》2022年第1卷。

程的各个环节，保证合规体系的有效性和高效性，让企业数据安全风险的各个环节都内化到合规体系中，这才是重中之重。欧盟的《通用数据保护条例》（GDPR）就是全面应对的典型立法具体化。参照相关规定，作为确保数据安全刑事合规全面性计划的一部分，在制定合规体系时，要认真梳理公司的业务活动范围，包括相关第三方业务活动，利用技术手段准确分析各环节可能存在的风险，建立覆盖全局的刑事合规体系，在遵守指令规定的同时，确保合规体系符合《刑法》《数据安全法》等法律要求。在实施合规体系时，确定实施和监督数据安全法规的刑法合规的整个流程，确保合规体系落到实处。

3. 涉外性

数据安全领域的刑事合规还具有涉外性。在运行刑事合规制度时，必须考虑国内法、外国法和国际惯例的相关规定，确保涉外业务符合当地法律规定。涉外的特点主要体现在跨境数据流动方面，随着大数据互联网的快速发展，数据流动不断加快，国家间的信息边界逐渐模糊，许多大型跨国公司在全球范围内开展业务，掌握着大量的个人信息、商业信息、公共信息，在大数据汇总后，相关信息可以纳入国家政治、经济等安全问题的信息收集中。在数据跨境流通过程中，既要遵守各国数据安全法律的不同规定，防止数据非法流通，又要注意数据本身所包含的信息在流通过程中可能对国家主权和安全造成的威胁。由于涉外的特点，在建立数据安全刑事合规体系时，一定要把握好数据的流向，正确区分国内数据和涉外数据，在国家层面防止数据外流，充分了解因各国法律规定不同而产生的地方政策，针对数据跨境流通过程中可能产生的刑事风险，制订各种合规方案。以应对数据跨境流程过程中可能会涉及的刑事风险。

（三）企业数据安全刑事合规的核心内容

1. 企业数据安全的合规制度

首先，通过对数据进行分类和归类的方式进行数据保护。要实施数据分级分类保护，可以根据数据的重要性和敏感性将数据划分为不同等级，并对不同等级的数据采取相应的保护措施。具体来说，数据可分为三个级别：

第一级数据：指对国家安全、国民经济活力、人身财产安全和社会稳定具有重大意义的数据，如国家秘密、重要商业秘密、重要个人数据等。对于此类数据，《刑法》应规定更严厉的制裁措施，如对未经授权的访问、未经授权的使用和未经授权的披露进行刑事处罚。

第二级数据：指与国家、社会和个人利益密切相关的数据，例如与人身安全、财产安全和网络安全有关的数据。对于这类数据，应加强数据保护措施，明确数据的使用权限和范围，并明确相应的刑事、民事或行政责任。

第三级数据：这是普通的个人数据，如姓名、年龄、性别、联系方式等。对于这类数据，应加强数据保护，以规范数据的收集、使用和处理，并在侵犯个人数据权利时适用相应的法律制裁。

数据保护的分级分类可以更有效地保护不同级别数据的安全和隐私，提高数据安全保障水平，保护数据的合法权益，维护社会的稳定和秩序。

2. 落实数据安全管理制度

数据安全管理制度是数据安全的重要法律手段。数据安全管理制度的实施可从以下几个方面着手。

第一，制定数据安全管理制度的法律框架。法律框架必须明确企业和个人在数据管理方面的责任，明确数据分类、保护、收集、存储、传输、处理和销毁的相关标准和要求，规范数据安全管理流程和机制。

第二，建立数据安全管理机构。设立专门的数据安全管理机构，负责组织、监督和管理数据安全管理工作。该机构应有权对数据的管理和使用进行审核和监督，并对违反数据安全的行为进行制裁。

第三，加强对数据泄露行为的打击力度。落实数据安全管理制度，明确处罚标准和处罚措施。制定明确的数据安全保护规则，对数据被窃取、泄露、篡改、破坏等违规行为规定相应的处罚措施，严厉打击违规行为。

第四，加强对数据安全的控制和监测。监督检查部门要定期检查数据管理情况，发现问题及时纠正，严厉查处违法违规行为，加强对数据安全管理的法律控制。

第五，加强数据安全技术保护。落实数据安全管理制度，还需要加强技术保护措施。应更多地利用数据加密、安全传输等技术手段，提高数据保护的技术水平，保障数据安全。

3. 企业数据安全的预防和监控义务

国家安全层面，依据《国家安全法》的规定，国家安全机关是保护国家信息安全的主要力量。

（1）企业数据安全的合规制度

进行数据分级分类保护，可以根据数据的重要性和敏感程度将数据分为不同的等级，并对不同等级的数据进行相应的保护措施。[1]具体而言，可以将数据分为三个等级。

一级数据：指关系国家安全、国民经济命脉、人民群众生命财产安全、社会稳定等方面的具有重要意义的数据，如国家机密、重要的商业机密、重要的个人隐私信息等。对于这些数据，《刑法》应当对未经授权的获取、利用和泄露行为进行更为严厉的惩罚，如刑事处罚。

二级数据：指与国家、社会、个人利益息息相关的数据，例如涉及人身安全、财产安全、网络安全等。对于这类数据，应当加强数据保护措施，明确数据使用的权限和范围，同时也应当明确相关的刑事、民事或行政法律责任。

三级数据：指普通的个人信息数据，如姓名、年龄、性别、联系方式等。对于这类数据，应当加强数据保护，规范数据的采集、使用和处理，同时也应当对侵犯个人信息权利的行为进行相应的法律制裁。

通过对数据进行分级分类保护，可以更加有效地保护不同等级数据的安全和隐私，提高数据安全保障水平，保护数据的合法权益，维护社会的稳定和秩序。

---

〔1〕 参见陈世银：《数据合规中的刑事法律风险及防范措施探析》，载《中国律师》2022年第10期。

(2)数据安全管理制度构建

数据安全管理制度是保障数据安全的重要法律工具。构建数据安全管理制度,可以通过以下几个方面来进行。

第一,制定数据安全管理制度的法律框架。法律框架应该规定企业和个人的数据管理责任,明确数据的分类、保护、采集、储存、传输、处理和销毁的标准和要求,规范数据安全管理流程和机制。[1]

第二,设立数据安全管理机构。建立专门的数据安全管理机构,负责组织、监督和管理数据安全管理工作。该机构应该有权利对数据管理和使用进行审查和监督,对数据安全违法行为进行处罚。

第三,加强数据违规操作的打击力度。构建数据安全管理制度需要明确违规行为的标准和惩罚力度。制定明确的数据安全保护法规,对于盗窃、泄露、篡改、破坏数据等违法违规行为,给予相应的处罚,对违法行为进行严厉打击。

第四,加强数据安全检查和监督。监督检查机构应该定期对数据管理情况进行检查,发现问题及时纠正,严格查处违法行为,加强数据安全管理的法律监督力度。

第五,加强数据安全技术保护。构建数据安全管理制度还需要加强技术保护手段。加强数据加密、安全传输等技术手段的使用,提高数据安全保护的技术水平,保障数据安全。

(3)企业数据安全的防控义务

国家安全层面。我国国家安全机关是保障国家信息安全的主要力量。《国家安全法》规定,国家安全机关负责保障国家安全和社会稳定,包括维护国家重要信息基础设施安全,预防和打击网络攻击、间谍活动等国家安全威胁行为。国家安全机关还需要加强信息安全保护力度,制定和实施信息

[1] 参见彭家阔:《互联网企业的数据合规制度构建研究》,载《互联网天地》2022年第12期。

安全规划和技术措施，协调各方面信息安全工作，确保国家信息安全。[1]

政府监管层面。政府监管部门是维护数据安全最重要的组织力量。例如，国家互联网信息办公室是负责网络信息安全监管的机构，其职责包括监督管理网络信息安全、制定发布网络安全法规和标准、组织网络安全演练和应急响应等。此外，国家信息中心、公安机关等部门也负有一定的网络安全监管职责。

企业层面。企业是保护数据安全的责任主体。《网络安全法》明确规定，网络运营者应当采取各种必要技术措施保障网络安全。[2]企业需要建立健全信息安全管理制度，明确各部门职责权限，加强网络安全教育培训，强化信息安全技术保障等。同时，企业还应配合政府监管部门开展网络安全检查和演练等。

个人层面。个人在数据安全保护方面也负有一定的责任。个人应保护自己的个人信息安全，避免共享敏感的个人信息，不参与欺诈、网络攻击等违法犯罪活动。此外，个人还应提高信息安全意识，学习和掌握网络安全知识和技能，更好地保护自己和他人的数据安全。

数据安全保护责任主体的确定多种多样，涉及政府机构、企业、个人等。必须明确上述责任主体之间的职责分工和合作关系，共同维护数据保护的有效性，加强合作与协作。

（四）建立企业数据安全的刑事合规体系

1. 建立企业数据安全动态评估制度

我国《个人信息保护法》第 54 条规定："个人信息处理者应当定期对其处理个人信息遵守法律、行政法规的情况进行合规审计。"上述法律规定，实质上对于企业的数据合规作出了定期评估的要求，正是企业数据安全刑

〔1〕 参见李勇：《检察视角下中国刑事合规之构建》，载《国家检察官学院学报》2020 年第 4 期。

〔2〕 参见周维明：《刑事合规视野下数据犯罪的治理路径》，载《西南政法大学学报》2022 年第 5 期。

事合规的重要内容之一。[1]企业建立动态的数据安全刑事合规体系，对企业数据信息进行定期或有针对性地持续对企业的数据进行刑事合规审计和评估。将法律法规具体化为企业内部的自律自治行为。其中包括：事前风险评估，企业应当依照相关法律规定，建立事前的数据影响评估制度并切实履行，由于企业发展带来的数据更新，还应当建立相应的数据动态评估制度；事中风险提示，企业数据安全刑事合规部门，应当定期对企业收集、使用个人信息情况、企业经营活动涉及第三方的数据安全问题等进行审查并出具数据安全刑事风险评估自查报告；事后风险整改，合规部门进行数据安全方面相应的风控推演，对风险暴露部门作出紧急提示，触发刑事法律风险的部门应积极整改。

2. 完善企业内部数据安全应急管理体系

随着数字化时代的到来，数据已成为企业不可或缺的资产，但同时也面临着数据泄露、病毒攻击、网络黑客等安全风险。因此，企业必须建立完善的数据安全应急管理体系。

第一，明确安全责任人。企业应明确安全责任人的职责，确定安全事件的报告机制和应急响应流程。安全负责人应定期组织应急演练，不断提高应对安全突发事件的能力。

第二，制定应急预案。企业应制定完善的数据安全应急预案，明确应急响应流程、责任人、预警机制、应急资源、预案测试等内容，确保一旦发生安全事件，能够快速响应，迅速解决。

第三，建立安全事件监测和预警机制。企业应建立安全事件监测预警机制，通过实时监测、查看日志等方式发现安全事件，并及时制定应急预案。建立保安事故处理记录和追溯机制。企业应建立安全事件处理登记簿和追溯机制，详细记录安全事件的处理过程和结果，并建立法律依据。

第四，加强数据备份和恢复，定期检查安全漏洞。企业应定期备份，确

---

[1] 参见张阳：《企业刑事合规本土探索的实践偏误与路径回归》，载《西南政法大学学报》2021年第6期。

保数据的完整性和可恢复性，同时制定详细的数据恢复程序和方法。企业应定期分析安全漏洞，及时发现存在的漏洞并进行补救，以降低安全风险。

第五，建立合作伙伴安全评估机制。企业应建立合作伙伴安全评估机制，对合作伙伴的数据安全能力进行评估，确保合作伙伴的数据安全水平符合企业要求。

3. 加强企业数据安全合规培训。

《个人信息保护法》《网络安全法》《数据安全法》等明确规定开展数据安全和信息保护的宣传教育。对于企业的合规部门来说，这不仅是一项法律义务，也是建立数据安全合规体系的重要一步。[1]近年来，一些公司内部员工合规意识淡薄，从事违法犯罪活动，导致公司深陷刑事案件，在声誉和经营状况上都造成了不小的损失。因此，合规培训是在公司内部牢固树立合规理念，并将公司管理层的合规驱动力转化为员工合规行为的重要措施。在实施数据安全合规措施时，企业应定期为所有员工组织数据安全合规培训。当数据合规政策、法律和法规发生变化时，应公布并解释相应的信息。通过签署合规通知函、发布合规手册等方式，提高员工合规意识，在公司内部营造合规文化。企业在进行数据安全刑事合规宣传时，应重视相关工作的留痕、留档，如合规告知书、合规手册等，均是建立企业数据安全刑事合规风险防控的重要依据。

4. 加强对企业违反数据安全行为的监督和报告

除了建立自上而下的刑事数据安全合规体系外，企业还必须建立面向员工、客户和第三方的投诉和报告制度。公司的关键部门应任命刑事数据安全合规专员，负责合规的部门应定期组织会议，让专员接受进一步培训，并鼓励他们关注公司数据处理过程中的相关涉及《刑法》的问题，以便及时发现相关合规风险。公司应鼓励内部员工及时举报数据处理过程中的问题，畅通内部员工的思想渠道，提供保密措施，并对举报违法行为的员工进

〔1〕 参见时延安:《数据安全的刑法保护路径及方案》，载《江海学刊》2022年第2期。

行奖励。同时，负责数据安全刑事合规的团队要根据实际情况对公司进行定期审计，并根据报告和审计的结果提出整改建议。企业还应建立用户投诉举报平台，设立投诉举报功能，以便用户就个人信息保护和数据安全问题向企业投诉。快速、主动的处理方式能使企业化解与数据安全相关的犯罪风险，保持合规体系的有效性。

在大数据时代，数据安全面临越来越多的风险和挑战。因此，数据安全刑事合规对于保护个人信息安全、维护国家数据主权具有重要的现实意义。数据安全刑事合规是一个综合性、技术性、全局性、涉外性的问题，需要在法律体系内，对不同层面、不同领域的核心问题进行有针对性的细化和发展。未来，随着大数据时代的不断发展，数据安全问题将受到越来越多的关注，数据安全刑事合规将逐渐成为数据安全领域的重要组成部分。深入研究数据安全刑事合规，可以为保护公民个人信息安全、维护国家数据主权、促进企业可持续发展作出积极贡献。

典型案例九

杭州 ×× 数据科技有限公司、周某、袁某侵犯公民个人信息案

案情简介

2016 年年初，周某等人出资成立 ×× 数据科技有限公司，周某系该公司法定代表人、总经理，负责公司整体运营。袁某系该公司技术总监，系技术负责人，负责相关程序设计。×× 数据科技有限公司主要与各网络贷款公司、小型银行进行合作，为网络贷款公司、银行提供需要贷款的用户的个人信息及多维度信用数据，方式是 ×× 数据科技有限公司将其开发的前端插件嵌入上述网贷平台 App 中，在网贷平台用户使用网贷平台的 App 借款时，贷款用户需要在 ×× 数据科技有限公司提供的前端插件上，输入其通讯运营商、社保、公积金、淘宝等网站的账号、密码，经过贷款用

户授权后，×× 数据科技有限公司的爬虫程序代替贷款用户登录上述网站，进入其个人账户，利用各类爬虫技术，爬取（复制）上述企、事业单位网站上贷款用户本人账户内的通话记录、社保、公积金等各类数据，并按与用户的约定提供给网贷平台用于判断用户的资信情况，并从网贷平台获取每笔 0.1~0.3 元的费用。

其间，×× 数据科技有限公司在和个人贷款用户签订的《数据采集服务协议》中明确告知贷款用户“不会保存用户账号密码，仅在用户每次单独授权的情况下采集信息”，但未经用户许可仍采用技术手段长期保存用户各类账号和密码在自己租用的阿里云服务器上。周某明知 ×× 数据科技有限公司存在保存用户账户密码的行为，未尽管理职责；袁某负责编写具有保存用户账户密码功能的网关程序。截至 2019 年 9 月，经有关机关对 ×× 数据科技有限公司租用的阿里云服务器进行勘验检查，发现以明文形式非法保存的个人贷款用户各类账号和密码条数多达 21,241,504 条。其中大部分账号密码，如淘宝、京东等，无法二次使用，仅有邮箱等部分账号密码存在未经用户授权被 ×× 数据科技有限公司二次使用的情况。

2020 年，杭州市西湖区人民检察院向西湖区人民法院提起公诉，指控 ×× 数据科技有限公司、周某、袁某犯侵犯公民个人信息罪。

裁判结果

杭州市人民法院经审理判决魔蝎公司犯侵犯公民个人信息罪，判处罚金人民币 30,000,000 元，周某犯侵犯公民个人信息罪，判处有期徒刑 3 年，缓刑 4 年，并处罚金人民币 500,000 元。袁某犯侵犯公民个人信息罪，判处有期徒刑 3 年，缓刑 3 年，并处罚金人民币 300,000 元。

案件分析

侵犯公民个人信息罪是指违反国家有关规定，向他人出售或者提供公民个人信息，情节严重的行为。其中“公民个人信息”是指以电子或者其他方式记录的能够单独或者与其他信息结合识别特定自然人身份或者反映特定自然人活动情况的各种信息，包括姓名、身份证件号码、通信通讯联系方式、住址、账号密码、财产状况、行踪轨迹等。依据《最高人民法院、最高人民检察院关于办理侵犯公民个人信息刑事案件适用法律若干问题的解释》第5条第2款的规定，非法获取、出售或者提供公民个人信息，非法获取、出售或者提供行踪轨迹信息、通信内容、征信信息、财产信息50条以上的，应当认定为“情节严重”，数量或者数额达到前述规定标准10倍以上的，应当认定为“情节特别严重”。

本案中，×× 数据科技有限公司以其他方法非法保存的个人贷款用户各类账号和密码条数多达21,241,504条，属于情节特别严重，其行为已构成侵犯公民个人信息罪。周某、袁某分别系对该公司侵犯公民个人信息行为直接负责的主管人员和其他直接责任人员，其行为均已构成侵犯公民个人信息罪。

示例十七

××× 公司数据合规管理制度

第一章　总　　则

第一条　基于提升公司经营管理的信息化水平的要求，落实实行数据管理体系的规划，遵循数据管理和具体实施流程，提高各级经营管理机构的数据管理和应用能力，树立数据资产价值榜样，特制定本制度。

第二条　本制度适用于公司数据架构管理、数据标准管理、数据质量管理、数据安全管理等领域的数据管理活动。

第三条 本制度所指数据是在公司经营管理和日常操作中通过计算机系统形成和存储的数据，分为内部数据和外部数据，内部数据指公司业务运营管理过程中产生的数据，外部数据指从公司以外的来源取得的数据。

第四条 本制度旨在指导公司数据管理活动，是建立、完善和实行数据管理体系的基础，公司数据管理制度和细则都应在本制度规定的基础上制定。

第二章 组织与职责

第五条 数据管理组织架构是通过建立与公司数据管理和应用工作相适应的组织机构和岗位，自上而下划分为决策层、管理协调层以及执行层。

第六条 数据管理决策层是公司数据管理的最高决策机构，由智慧 ×× 指导委员会组成。

第七条 数据管理协调层是数据管理各领域工作的直接领导与组织部门，设立数据管理领导小组及秘书。

第八条 数据管理执行层负责公司数据管理工作的具体事项执行，设立数据管理执行组来完成具体事项任务。

第三章 数据管理

第一节 企业数据架构管理

第九条 本制度所称企业数据架构管理是通过对公司数据模型、数据分布、数据流转的管理，在公司范围内提供一个促进数据资产存储、集成、使用、访问和传输的框架结构组件，来实现支持数据的集中管理和分析数据应用的目标。

第十条 企业数据架构的管理内容包括：针对信息需求制定数据架构规划，定义和维护数据架构原则与规范，开发和维护数据模型，明确可信数据源与数据流，明确数据分布与存储情况，审核系统设计是否符合数据架构整体设计等。

第二节　数据标准管理

第十一条　本制度所称数据标准是一整套数据规范、管控流程和技术工具，用来确保公司的各种重要信息在公司内外的使用和交换都是保持一致并准确的。

第十二条　数据标准管理内容包括：建立数据标准体系框架与规划，对包括数据的定义和分类、业务属性、技术属性和标准代码在内的数据标准进行制定、评审、发布与维护，执行；并监督数据标准在各系统中的完成情况；审核系统设计是否符合数据标准管理规范；建设并维护数据标准平台等。

第十三条　数据标准管理工作包括：

（一）组织制定公司各数据标准的定义和分类、业务属性、技术属性和公共代码集。

（二）依据已制定的数据标准，推进各信息系统的标准落地。

（三）根据实际需要提出数据标准需求，进行数据标准的制定、审核和维护。

第三节　数据质量管理

第十四条　本制度所称数据质量是指数据满足公司业务需求与业务规则的程度，主要从完备性、一致性、有效性、唯一性、时效性、精确性和真实性等维度对数据进行描述和度量。

第十五条　数据质量管理内容包括：定义业务规则、识别数据质量问题，并进行有效的解决；同时持续监控和报告数据质量问题，确保公司数据质量的持续提升，以满足业务需要；通过数据质量管理活动的反馈，修正数据标准等其他数据管理活动的内容等；组织制定数据质量考核方案，并组织开展数据质量考核工作。

第十六条　数据质量管理工作包括：

(一)制定、审批并发布数据质量管理工作的制度和流程,数据质量监控、提升、考核方案;组织数据质量的评估与考核。

(二)组织数据质量问题的分析;推动数据质量提升工作的实施;协调技术、业务部门进行数据质量管理的度量规则、检核规则编制等相关工作。

(三)根据实际需要提出数据质量度量规则及更新、维护需求,配合执行数据质量监控、分析、改进及评估工作。

第四节　数据安全管理

第十七条　本制度所称数据安全包括数据本身的安全、数据防护的安全和数据存取与使用的安全。

第十八条　基于对业务查询分析、监管报送等需求,查询数据需经部室负责人及数据管理领导小组批准后才可查询。查询申请中需明确数据使用范围及授权访问人员。查询人应严格保密涉及敏感信息的数据,非授权人员无权访问使用。不得使用私人存储介质复制与转存查询数据。除批准的情况外,不得对公司信息进行未经授权的查询。

第十九条　数据访问授权管理根据"业务必需"原则,授予不同用户为完成工作所需的最小数据访问权限。应用系统应设置日志系统控制用户数据查询和使用情况;并定期检查日志和分析审核其中可疑的记录。

第二十条　数据安全管理的内容包括:定义数据安全标准,划分数据类别、密级,定义数据安全控制及措施,管理用户、密码和用户组成员,管理数据访问视图与权限,监控用户身份认证与访问行为,数据安全工具的使用及选取,审计数据安全。公司数据安全管理目标是建立持续有效的数据安全管理体系。

第二十一条　数据安全管理工作包括:

(一)定期评估数据安全策略、规程以及授权范围,在数据安全和利益相关者的需求间获得平衡。

（二）界定数据访问需要、指导权限定义。

（三）持续宣贯数据安全管理意识，推动数据安全管理文化建设。

…………

第四章　附　　则

第××条　本制度由信息科技管理委员会批准，技术信息部负责制定、修订和解释。

第××条　各部门应根据本制度制定并完善相关操作管理规章制度，报经数据管理决策层审批通过后负责组织落实。

八、财税刑事合规管理

财税刑事合规是指企业通过设置内部财税刑事风险防控机制，构建和实施财税管理制度，确保企业和人员在进行财务和税务活动时，遵守国家刑事法律规范，用以降低企业和人员的刑事法律风险或者实现刑事责任的减免。

（一）财税刑事合规的必要性

近年来，一方面随着科学技术的进步与发展，大数据、AI技术可以快速地检查出企业的违规行为，使得企业的经营管理活动越来越透明；另一方面企业为了维持经营发展和追求盈利，呈现经营多样化、复杂化的趋势，导致犯罪率大幅提高。企业涉及刑事犯罪后，大多数情况下会出现停业停产、员工解散，严重影响社会和谐和经济的发展，导致企业因刑而散，因刑而亡的结果。

从企业外部环境看，国家法律法规体系越来越健全，越来重视企业合规建设。自2020年3月，最高人民检察院部署了第一批企业合规改革的试点工作，我国的刑事合规由此正式开始。税务征管环境与监管手段不断更新，税务制度不断改革和征纳关系发生改变；国家通过加强税务监管、税收信用体系建设，完善出台税收管理制度，加强对税收违法犯罪的打击。

从企业内部需求看，降低税收支出并实现企业利益最大化，降低纳税风险，防止企业因侥幸心理而进行偷税、漏税行为，防止受到税务处罚，甚至出现刑罚。财税合规是一项专业的财务经营管理活动，用以提升财务管理能力、提高运营效率以及增强企业竞争力。财税合规可以增强企业信誉，是企业实现规范化、现代化治理的必由之路，可以为企业自治构建良好模式。

（二）财税刑事合规的法律规范

国家对财税领域有着严格和完善的法律法规体系，例如《刑法》规定了财务造假、虚假出资、逃税、洗钱、贪污贿赂等财务犯罪的构成要件、刑罚标准和法律责任；《会计法》规定了会计核算、会计监督、会计信息披露等会计工作的基本规范和要求；《审计法》规定了审计机构和审计人员的职责、权利、义务和责任，以及审计监督、审计结果处理等内容；《证券法》规定了证券市场的监管机构、主体和行为，以及证券发行、交易、信息披露等方面的法律规范和责任等。企业财税刑事合规必须严格遵守相关法律法规，以保护企业和社会的财产安全，维护市场的公平竞争，促进经济的健康发展。

（三）财税合规的风险点位

1. 财务造假。通过虚构和客户、供应商的交易虚增收入、虚增成本：上市公司将造假手段进行了升级，即用真实的客户和供应商造假。这种造假方式很隐蔽，不易识别；通过第三方实现资金流转虚增收入：通过伪造银行对账单、银行资金存取凭证等第三方证据的方式伪造资金进出轨迹。通过虚构业务方式虚增收入：通过与其他关联方配合，签订虚假合同，并按正常的流程伪造原始单据及流水，虚构收入及利润；跨期确认收入或费用，调节利润：迫于利润压力，为使当期利润达到预定目标，推迟确认本期已发生的费用;利用会计政策,通过不计提或少计提费用虚减负债、虚增利润。

2. 偷逃税款。指企业为了减少或者免除应缴纳的税款,采用欺骗、隐瞒、虚假申报、不申报、转移资产等手段,逃避缴纳税款或者骗取出口退税的行为。逃税可能构成逃税罪、抗税罪、骗取出口退税罪、逃避追缴欠税罪等刑事犯罪。

3. 发票违法。指企业为了逃避税收、骗取资金、转移利润等目的,采用虚开、伪造、变造、非法买卖、非法持有发票等手段,侵害国家的发票管理制度的行为。发票违法可能构成虚开发票罪、持有伪造的发票罪、非法购买、出售发票罪、非法持有用于骗取出口退税、抵扣税款发票罪等刑事犯罪。

4. 内部监督不严。企业为了节省费用,压缩财务人员,或是只寻找价格低廉的记账公司,造成原始单据收集不齐、账务处理不规范、税务处理及税务申报不正确。财务人员思想意识不正确,利用职务之便,挪用公司资金,监守自盗。业务部门人员钻管理漏洞,欺上瞒下,虚构业务、吃拿回扣,中饱私囊。

(四)企业财税刑事合规的内容

1. 会计合规。企业需要按照会计准则和财务报告要求记账、编制财务报告,包括资产负债表、利润表、现金流量表等,提供真实、准确、完善的财务信息,反映企业的经营情况。

2. 资金合规。企业必须遵守国家法律法规和行业规范,确保资金来源合法、流向合规,确保资金的合法性、安全性、稳定性,避免违法违规行为带来的法律风险和声誉受损。

3. 税务合规。包括纳税申报、缴纳税款、合理利用税收优惠政策等方面。税法和税收优惠政策的不断变化更新,因此,企业要关注税收法律法规的变化,及时了解税收优惠政策的内容和适用范围,并合理利用这些政策来降低税负。

4. 内控合规。内部控制是企业内部的制度、流程、制度执行情况和内部监督机制等。它可以确保企业的财务和业务活动的合法性、合规性、规范性和效率性。

典型案例十

新疆绿牧源肉业有限公司案虚开抵扣税款发票案

案情简介

2005年12月20日，新疆绿牧源肉业有限公司在精河县托里乡成立，经营范围为动物屠宰及产品加工销售等。新疆绿牧源肉业有限公司在2005年至2007年处于正常的经营状态，与客户之间存在真实的交易行为。2008年至2009年，因牛羊肉涨价，新疆绿牧源肉业有限公司生产量及收购量下降，为虚增公司业绩，营造公司产销两旺的假象，被告单位的总经理被告人何某安排该公司会计刘某及张某丽，在与真实收购情况完全脱节的情况下，根据被告人何某要求的业绩数据，并结合新疆绿牧源肉业有限公司2007年的业绩情况，使用2008年之前被告单位客户的身份证号码信息，大量虚开农产品收购发票，同时大量虚开增值税普通发票进行平账。经核实，涉案虚开发票金额共计10,911,031.50元，虚开税款1,418,434.095元。

裁判结果

新疆绿牧源肉业有限公司违反增值税专用发票管理规定，为本单位虚开用于抵扣税款的发票，数额巨大，其行为触犯了我国《刑法》，构成虚开抵扣税款发票罪。何某为新疆绿牧源肉业有限公司的总经理，系该单位直接负责的主管人员；刘某为新疆绿牧源肉业有限公司的会计，系该单位其他直接责任人员，其二人直接参与了虚开抵扣税款发票的行为，应当与新疆绿牧源肉业有限公司一并对虚开用于抵扣税款的发票的行为承担刑事责任。判处新疆绿牧源肉业有限公司犯虚开抵扣税款发票罪，判处罚金200,000元；何某犯虚开抵扣税款发票罪，判处有期徒刑3年，缓刑4年；刘某犯虚开抵扣税款发票罪，判处有期徒刑1年6个月，缓刑2年。

示例十八

×××公司企业财税专项刑事合规管理制度

词语定义：

本制度所称财税刑事合规，是指本公司经营管理行为和员工履职行为符合国家财税法律法规、监管规定、行业准则和国际条约、规则，以及公司章程、相关规章制度等要求。

本制度所称财税刑事合规风险，是指本公司及全体员工在财税领域的经营管理过程中因违规行为引发法律责任、造成经济或者声誉损失以及其他负面影响的可能性。

本制度所称财税刑事合规管理，是指以有效防控财税刑事合规风险为目的，以提升依法合规经营管理水平为导向，以本公司财税领域的经营管理行为和员工履职行为为对象，开展的包括建立财税刑事合规制度、完善运行机制、培育财税刑事合规文化、强化监督问责等有组织、有计划的管理活动。

第一条　本制度制定目的是加强本公司在财税领域的合规管理，有效防控财税刑事风险，保障企业的合法权益和良好声誉，促进企业的持续发展。

第二条　本制度依据《中华人民共和国刑法》《中华人民共和国税收征收管理法》《中华人民共和国企业所得税法》《中华人民共和国增值税法》《中华人民共和国消费税法》《中华人民共和国印花税法》《中华人民共和国关税法》《中华人民共和国行政处罚

法》等相关法律法规，以及国家税务总局、财政部等部门的规章制度和规范性文件制定。

第三条 本制度适用于本公司在财税领域的各项经营管理行为，包括但不限于纳税申报、缴纳税款、申请退税、开具发票、使用发票、保管发票、购买发票、销售发票、申报关税、缴纳关税、享受税收优惠、履行税务登记、报送财务报表、接受税务检查、配合税务调查等。

第四条 本公司遵循法治原则，风险防控原则，责任追究原则，持续改进原则。

第五条 鼓励本公司积极履行财税法律义务，诚信纳税，合理避税，享受税收优惠政策，降低税收成本，提高经营效益；鼓励公司建立健全财税刑事合规管理体系，制定合规计划，开展合规培训，实施合规监督，及时发现和纠正财税违法行为，防范和化解财税刑事风险。

第六条 鼓励本公司主动配合税务机关的征管工作，如实申报纳税，按时缴纳税款，接受税务检查，配合税务调查，及时纠正税务差错，积极沟通协商，维护良好的税收关系。

第七条 禁止本公司及员工在财税领域的经营管理过程中，采取欺骗、隐瞒、伪造、变造、毁灭、转移、隐匿、串通等手段，逃避缴纳税款、骗取出口退税、抵扣税款、享受税收优惠等，构成逃税罪、抗税罪、骗取出口退税罪、逃避追缴欠税罪等财税刑事犯罪。

第八条 禁止本公司及员工在财税领域的经营管理过程中，违反相关法律规定，向税务机关工作人员行贿，或者接受他人贿赂，构成行贿罪、受贿罪等财税刑事犯罪。

第九条 禁止本公司法定代表人、负责人、高级管理人员、财务人员、税务人员、其他从事财税业务的人员，以及本公司委托的代理记账机构、会计师事务所、税务师事务所等第三方机构及其人员，从事或参与任何违反财税法律法规、监管规定、行业准则和国际条约、规则，以及公司章程、相关规章制度等要求的财税刑事违法犯罪行为。

第十条 本公司的内部处罚根据违规人员的违规性质、情节、后果、主观故意、悔改态度等因素，综合考虑，合理确定，适度执行。

第十一条 本公司的内部处罚应当有书面的决定和记录，由本公司的财税刑事合规管理部门或者其他有关部门负责执行，并向本公司的法律部门或者其他有关部门报告。

…………

本制度自发布之日起生效，由公司的财税刑事合规管理部门或者其他有关部门负责解释、执行和监督。

本制度应当定期进行审查和修订，以适应财税法律法规、监管规定、行业准则和国际条约、规则，以及公司章程、相关规章制度等要求的变化。

第六章 企业刑事风险的识别防控及涉案处理流程

一、企业刑事法律风险的类型和具体表现

(一)企业刑事法律风险的类型

1. 企业内部人员、机构的刑事法律风险

企业刑事法律风险首先表现为企业内部人员或机构实施的同企业经营相关的犯罪风险,此类犯罪并未体现出企业的整体意志,而是企业内部个别个体所实施犯罪的风险,也是企业刑事法律风险最为常见的领域。此类企业刑事法律风险存在于从企业设立、发展直至破产清算的全流程,分布于企业经营管理的各个环节,并伴随企业终身。突出表现为商业贿赂犯罪风险,常见的罪名有贪污罪、职务侵占罪、受贿罪、非国家工作人员受贿罪、行贿罪等。企业内部人员和机构的犯罪一旦产生,一方面犯罪行为必然给企业带来严重危害,另一方面企业人员特别是企业高管或企业机构被追究刑事责任本身,也将严重影响企业后续的发展和布局。

2. 企业整体的单位犯罪刑事法律风险

企业刑事法律风险还进一步表现为企业整体性的单位犯罪风险,即企业作为单位犯罪主体可能实施犯罪的风险。集中体现在不正当竞争、垄断、违法招投标、生产安全风险和生产污染、生产销售伪劣产品、逃税、虚开发票、购买发票、出售发票等犯罪领域。同企业内部人员和机构实施的犯罪不同,企业整体实施的犯罪体现了企业的整体意志,此时,通过刑事合规加强

企业整体单位犯罪刑事风险的防控应当成为企业刑事合规的重点关注领域之一。

3. 企业被害主体的刑事法律风险

具体来看，企业被害主体的刑事法律风险表现在两个领域：其一，业务接触中的刑事犯罪被害主体风险，是指企业在经营中同外部主体进行业务接触时，成为外部主体所实施的犯罪行为的犯罪对象，此类犯罪风险主要集中在经济领域，常见的罪名如诈骗罪、侵犯商业秘密罪等。其二，从外部主体犯罪向内部主体犯罪的转化风险，是指由于外部主体实施的犯罪行为，诱导企业内部主体实施犯罪的风险，一方面，表现为商业贿赂犯罪中，利用职务便利为外部主体谋取利益，典型的如外部主体行贿犯罪和内部主体受贿犯罪所形成的对向关系；另一方面，体现在未对商业伙伴进行充分调查，未能签订合规协议、要求作出合规承诺等方式促进商业伙伴行为合规，问题突出表现为合同诈骗、签订、履行合同失职被骗等犯罪风险。

（二）企业刑事法律风险的具体表现

1. 市场交易领域的刑事风险

市场交易领域的刑事风险主要体现在企业交易管理制度不完善，不能严格履行决策批准程序，未能建立健全自律诚信体系。问题突出表现为商业贿赂、不正当竞争、垄断、违法招投标等违法犯罪的风险，常见的罪名如贪污罪、职务侵占罪、受贿罪、非国家工作人员受贿罪、行贿罪、非法经营罪、串通投标罪等。

2. 安全环保领域的刑事风险

安全环保领域的刑事风险主要体现在违反了国家安全生产、环境保护法律法规，未能建立企业生产规范和安全环保的完善制度。问题突出表现为生产安全风险和生产污染，违规排污、违规处置废物等环境违法犯罪的风险，常见的罪名如重大责任事故罪、重大劳动安全事故罪、污染环境罪、非法采矿罪等。

3. 产品质量领域的刑事风险

产品质量领域的刑事风险主要体现在未能建立完善的质量体系，未能严控各环节质量关，提供优质产品和服务，问题突出表现为生产销售伪劣产品、产品质量损害等违法犯罪问题，常见的罪名有生产、销售伪劣产品罪，生产、销售有毒、有害食品罪，生产、销售假药罪等。

4. 劳动用工领域的刑事风险

劳动用工领域的刑事风险主要体现为未能遵守劳动法律法规，没有完善劳动合同管理制度，劳动合同签订、履行、变更和解除不规范，突出表现为违规用工、违规解聘、拒不支付劳动报酬等违法犯罪问题，常见的罪名如强令违章作业罪、拒不支付劳动报酬罪、强迫劳动罪等。

5. 财务税收领域的刑事风险

财务税收领域的刑事风险主要体现为未能建立完善财务内部控制体系，未能严格执行财务事项操作和审批流程，未能树立依法纳税意识，问题突出表现为逃税、虚开发票、购买发票、出售发票等违法犯罪问题，常见的罪名如逃税罪、虚开增值税专业发票罪、非法出售增值税专业发票罪、非法购买增值税专业发票罪等。

6. 知识产权领域的刑事风险

知识产权领域的刑事风险主要体现在未申请注册知识产权成果，规范实施许可和转让，未能对商业秘密和商标的保护，问题突出表现为侵犯知识产权、侵犯商业秘密、销售侵权著作品等违法犯罪问题，常见的罪名如侵犯著作权罪、销售侵权复制品罪、侵犯商业秘密罪等。

7. 商业伙伴领域的刑事风险

商业伙伴领域的刑事风险主要体现在未对商业伙伴进行充分调查，未能签订合规协议、要求作出合规承诺等方式促进商业伙伴行为合规，问题突出表现为合同诈骗、签订、履行合同失职被骗等违法犯罪问题，常见的罪名如签订、履行合同失职被骗罪、国有公司、企业、事业单位人员失职罪、国有公司、企业、事业单位人员滥用职权罪等。

8. 海外业务领域的刑事风险

从本土企业成长为跨国企业再到全球化企业，这是我国企业界发展的必然趋势。然而，这种发展趋势在使企业业务扩展的同时，也将使企业面临更为复杂的公司治理、知识产权保护、税务申报、劳动聘用、合约管理的差异化法律规定，同时还必须考量到上述法律规定背后差异化的域外风俗习惯、民族文化、政策导向，技术行业标准等，使企业面临全新的刑事合规风险。

二、企业刑事风险识别的方法

（一）行业违规案例检索与分析

被告单位长兴新某地环保科技有限公司（以下简称新某地公司），成立于2015年9月9日；被告人夏某频，系新某地公司生产经营负责人；被告人夏某宇，系新某地公司员工；被告人杨某、佘某斌，系湖州磐某科技有限公司股东。2020年12月至2021年1月，新某地公司先后七次通过其他单位向被告人杨某、佘某斌所在的湖州磐某科技有限公司购买了“COD去除剂”3余吨。被告人夏某频作为新某地公司生产经营负责人，为谋取单位利益，亲自或者组织、指挥公司员工被告人夏某宇等人，通过投加“COD去除剂”的方式，干扰自动监测设施的正常运行，造成排放污水化学需氧量（COD）自动监测数据下降的假象。2021年5月12日晚，湖州市生态环境局长兴分局对新某地公司进行现场检查发现上述行为。经检测，新某地公司购买、使用的“COD去除剂”主要成分为氯酸钠，该去除剂无法真正去除COD，只是干扰COD的检测，造成数据下降的假象，实为“屏蔽剂”。

湖州市中级人民法院经审理以污染环境罪分别判处被告单位新某地公司罚金20万元，被告人夏某频有期徒刑1年，缓刑1年6个月，罚金2万元。被告单位、被告人未上诉，判决已生效。8月8日，检察机关对犯罪情节较轻的夏某宇依法作出相对不起诉决定，对主观故意证据存疑的杨某、佘某斌依法作出存疑不起诉决定。

使用“COD 去除剂”干扰自动监测设施是近年来新出现的污染环境作案方式，区别于直接排放或通过暗管偷排，犯罪手段升级、方式隐蔽，但实践中尚无定罪判例。该案是全国首例对使用“COD 去除剂”干扰自动监测设施进行刑事追责的案件，具有示范效应，彰显了相关部门坚决打击污染环境犯罪的决心和态度，有效遏制了行业乱象。该案通过大数据手段，建立预警模型，精准锁定犯罪嫌疑单位和犯罪嫌疑人，有效破解环境违法手段隐蔽、查获难度大、证据固定难的问题，极大提高了破案效率，增强了监督的精准性，有力推动了数字化手段在行政执法和刑事司法应用中的迭代升级。

通过对行业内的企业涉诉案例进行检索、分析，可以比较直观地看出企业涉及的罪名分布情况及犯罪行为手段，从中总结出本行业企业可能存在的刑事风险点，进而将其应用在本企业对刑事风险的识别上。

（二）通过合同文本审查其背后隐藏的风险点

实践中，企业合规部门与企业法务部门在对企业所面临的风险进行审查时的侧重点有所不同。以合同审查为例，法务部门侧重于对合同文本的内容进行形式审查，如对合同主体资格、合同履行的条件、双方的权利义务等内容进行审查，以此来规避可能存在的法律风险。而企业合规部门则要透过合同文本对合同背后可能隐藏的风险进行审查，如根据合同双方的主体信息调查合同相对方之间是否存在关联交易、为亲友非法牟利、商业贿赂等行为的线索。

（三）依据行政处罚所依据的行为识别企业刑事风险

2018 年 12 月，江西省民营企业 A 公司因稀释排放污水被省环保部门发现，环保部门随后将此案移送公安机关，公安机关侦查后移送检察机关审查起诉，检察机关审查后作出存疑不起诉的决定。随后公安机关对不起诉提出复议，复议期间，当地环保部门提供了 2017 年至 2019 年曾对 A 公司作出 8 次行政处罚的相关证据，其中有 6 次是因超标排放污水而被行政处罚。鉴于此新证据的提供，检察机关决定起诉 A 公司及相关责任人员。

本案中，A 公司多次污染环境被行政处罚的劣迹是认定 A 公司及相关责任人员构成犯罪的关键证据，最终导致企业被检察机关批捕并承担相应的刑事责任。行政违法与刑事犯罪的重要区分标准之一就是对社会造成的危害程度不同。行政违法行为属于一般违法，社会危害性小。刑事犯罪行为属于严重违法行为，侵犯了刑法保护的法益，社会危害性大。行政处罚与刑事犯罪二者除存在程度上的轻重之分外，在行为上具有高度的相似性，因此，行政违法行为是企业刑事风险识别的重要来源。

（四）建立内部举报制度

企业建立内部举报制度有两点优势，第一，企业内部人员基于职务便利往往更容易发现企业的违法违规行为，而违法违规行为被揭露的时间越早，企业面临的法律风险和经济损失发生的可能性也越小；第二，企业内部举报制度是衡量公司内部合规制度完整性和有效性的重要标准之一，建立内部举报制度可以使公司及时了解企业经营发展过程中存在的合规问题，并能迅速进行展开调查、应对，这也能使公司避免未来面临“失控”的局面。

（五）企业上下游情形的尽职调查

对企业的风险识别不能仅仅局限于企业某一个具体的项目或者环节，很多情形下企业的刑事风险不是孤立存在的，而是和企业的上下游行为环环相扣的。以煤炭行业为例，在煤炭的生产、运输、经营各个环节都有可能涉及环境污染的风险，而环境污染所造成的危害后果往往对企业是否构成犯罪以及构成犯罪后的量刑轻重有重大影响。因此，在对企业刑事风险的识别上，应当对企业的上下游情形进行尽职调查，及时发现企业各个环节的风险，排除隐患。

（六）加强监控和数据分析

通过使用监控技术和数据分析工具，企业可以对日常的业务活动和往来交易记录进行实时监测，及时发现异常情况和潜在的刑事风险，这可以帮助企业预防和迅速应对潜在的违法行为，避免出现更严重的危害后果。

三、企业刑事风险的防范

（一）制定并执行科学、有效的企业内部管理制度

企业内部管理制度是决定一个企业能否长久发展的灵魂。大多数企业刑事法律风险的发生都是企业管理制度存在漏洞导致的。因此，企业应针对不同的经营环节制定科学、有效的管理制度，如审计制度、内部报告制度、重大决策制度、财务管理制度、人事变动制度和法务处理等制度，并相互衔接形成一套完整的内部管理制度体系。同时，只有严格执行该套制度才能使之有效，企业可以采取由法务部门监督并配合一定惩处的措施，来确保制度的实施，从而有效地防范企业刑事法律风险。

（二）提高企业家法律风险防范的意识

企业刑事法律风险防控的关键在于企业家的认知水平，企业家在作出决策时审慎考虑是否符合法律规定能够在很大程度上降低企业所面临的刑事法律风险。因此，应该对企业家进行有针对性的刑事法律风险培训，使其认识到企业刑事风险防范的重要性，提高风险防范意识和能力水平，认识到刑法不仅是用来惩罚其不当行为的，也是用来保障其合法权益的，只有认真遵守法律，企业才能实现可持续发展。

（三）聘请专业团队进行刑事法律风险防控

正如谚语“术业有专攻”所说，让专业的人做专业的事，聘请专业团队如审计团队、法律团队、税务团队等专业人员为企业进行刑事法律风险的防控，一方面可以大大提高企业刑事风险防控的有效性和专业性，另一方面也可以对企业刑事风险进行风险防控复查，为企业防范刑事法律风险提供切实保障。

（四）正确处理企业和政府的关系

企业腐败问题一直是企业所面临的刑事风险的重灾区，而正确处理政商关系是企业防范腐败犯罪风险的重要方式。一方面，对于政府制定的政策、呼吁，企业应积极响应，对政府管理工作依法给予配合。同时，也有必要开展正常的公关活动，维持与政府部门的必要沟通，以及时获取政府政策和市场资源的信息，这对于企业的发展是完全有必要的。另一方面，不能与政府和政府官员交往过密，更不能以金钱等不正当手段换取政府的扶持。只有主动遵守法律的相关规定，维护市场经济的稳定，形成良性竞争，才能从本质上降低腐败犯罪方面的刑事法律风险，促进企业的健康发展。

（五）定期开展合规培训和教育活动

企业应定期组织合规培训和教育活动，向员工传达法律法规的重要性和企业的合规要求。这可以提高员工的合规意识，并帮助他们更好地遵守相关法律法规。

（六）定期更新合规政策和程序

由于法律法规会不断变化，企业需要定期更新和修订内部合规政策和程序，以确保其与最新的法律要求相符。这样可以帮助企业及时了解新事项，并在业务操作中遵守相关法律法规。

（七）定期进行风险评估和演练

企业可以定期进行风险评估，对可能存在的刑事风险进行全面分析和评估。此外，进行风险演练可以帮助企业了解并应对潜在的危机情况，提前制定应急预案。

（八）强化内部沟通和反馈机制

企业应建立畅通的内部沟通渠道，鼓励员工积极反馈与刑事风险相关的信息或问题。及时收集并处理这些反馈，以便快速解决潜在的合规风险。

（九）建立奖惩机制

企业可以建立奖惩机制，对员工遵守合规规定和发现并报告违规行为进行奖励，对违规行为进行适当的处罚。这可以增强员工的合规意识，减少刑事风险的发生。

（十）加强对外部合作伙伴的管理

如果企业涉及供应链管理，特别是与供应商、合作伙伴等有关的交易和合同，需要加强对其合规性的关注。确保供应链的各方都遵守相关法律法规，以减少刑事风险的发生

四、涉案企业刑事合规不起诉处理流程

（一）涉案企业合规的适用范围和条件

依据《关于建立涉案企业合规第三方监督评估机制的指导意见（试行）》第3条的规定，第三方机制适用于公司、企业等市场主体在生产经营活动中

涉及的经济犯罪、职务犯罪等案件，既包括公司、企业等实施的单位犯罪案件，也包括公司、企业实际控制人、经营管理人员、关键技术人员等实施的与生产经营活动密切相关的犯罪案件。即涉案企业包括检察院所在辖区和辖区以外的各类市场主体，具体包括国企民企、内资外资企业、大中小微企业及个体工商户。

依据《关于建立涉案企业合规第三方监督评估机制的指导意见（试行）》第4条的规定，对于同时符合下列条件的涉企犯罪案件，试点地区人民检察院可以根据案件情况适用合规不起诉：(1)涉案企业、个人认罪认罚；(2)涉案企业能够正常生产经营，承诺建立或者完善企业合规制度，具备启动第三方机制的基本条件；(3)涉案企业自愿适用第三方机制。

（二）涉案企业合规不起诉的流程

1. 涉案企业合规程序启动

涉案企业合规不起诉可以分为依职权启动和依申请启动两种方式。当涉案企业申请启动合规不起诉程序，检察机关第一步工作就是判断涉案企业是否具有整改条件。走访主管部门、走访属地管理乡镇了解情况或委托第三方监管人尽职调查、商请本地第三方机制委员会委派律师团队对涉案企业进行尽职调查，之后出具报告反映涉案企业有无整改能力。需要注意的是，启动合规不起诉程序需要层报上级检察机关后获得批准。检察机关若认为该企业具有整改条件，则可以直接制发合规整改意向书询问涉案企业是否需要合规整改。当企业同意整改，检察机关可以再层报检察机关批准启动合规不起诉程序。

2. 涉案企业出具合规承诺和合规计划

检察机关依据涉案企业合规申请书及提交的相关可行性分析材料，认为涉案企业具有整改条件，拟定涉案企业合规请示，层报省级检察机关批复准许后，检察机关需要告知涉案企业需在指定时间内递交合规承诺和出具初步合规计划，并可以下发开展企业合规工作告知书、合规整改意向书、企业开展合规建设须知。

3. 商请第三方机制管委会确定第三方监管组织

人民检察院经审查认为涉企犯罪案件符合第三方机制适用条件的，可以商请本地区第三方机制管委会启动第三方监管机制。第三方机制管委会应当根据案件具体情况以及涉案企业类型，从专业人员名录库中分类随机抽取人员组成第三方监管组织，并向社会公示。

4. 合规计划书制作及审查

由第三方组织要求涉案企业提交专项或者多项合规计划，并明确合规计划的承诺完成时限。涉案企业提交的合规计划，主要围绕与企业涉嫌犯罪有密切联系的企业内部治理结构、规章制度、人员管理等方面存在的问题，制定可行的合规管理规范，构建有效的合规组织体系，健全合规风险防范报告机制，弥补企业制度建设和监督管理漏洞，防止再次发生相同或者类似的违法犯罪。由第三方组织对涉案企业合规计划的可行性、有效性与全面性进行审查，提出修改完善的意见建议，并根据案件具体情况和涉案企业承诺履行的期限，确定合规考察期限。

5. 合规计划书实施及监督

在合规考察期内，第三方组织可以定期或者不定期对涉案企业合规计划履行情况进行检查和评估，可以要求涉案企业定期书面报告合规计划的执行情况，同时抄送负责办理案件的人民检察院。第三方组织发现涉案企业或其人员尚未被办案机关掌握的犯罪事实或者新实施的犯罪行为，应当中止第三方监督评估程序，并向负责办理案件的人民检察院报告。一般合规计划书实施情况，案涉合规企业应当分阶段向第三方组织以及检察机关进行报送。

6. 合规考察期评估及验收

在合规考察期届满后，由第三方组织对涉案企业的合规计划完成情况进行全面检查、评估和考核，并制作合规考察书面报告，报送负责选任第三方组织的第三方机制管委会和负责办理案件的人民检察院。对于跨区域的合规案件，一般是由涉案企业所在地的检察院受办案地检察机关的委托对外委托案涉企业所在地的第三方组织进行监督，但办案地检察机关仍然是案件的最终考察主体，案涉企业所在地的检察机关只是作为协作机关，以根据办案地检察机关的委托事项进行相关的协作、组织、协调。

7. 检察机关进行公开听证

人民检察院对于拟作不批准逮捕、不起诉、变更强制措施等决定的涉企犯罪案件，可以根据《人民检察院审查案件听证工作规定》召开听证会。听证会一般除邀请第三方组织组成人员到会发表意见外，还应当邀请人大代表、政协委员、人民监督员、侦查人员和律师等参加听证。并根据最终的听证结果履行内部程序之后，对刑事案件最终的处理结果作出相关的处理意见（如不起诉、变更强制措施等）。

示例十九

企业刑事合规涉案处理流程

第一章　总　　则

第一条　为了规范本公司涉案刑事合规整改工作，防止和减少公司违法犯罪，提高公司社会责任意识，根据《关于建立涉案企业合规第三方监督评估机制的指导意见（试行）》《合规管理体系 要求及使用指南》（GB/T 35770—2022）等相关法律法规，制定本流程。

第二条　本流程适用于本公司及公司全体员工。

第三条　涉案刑事合规整改的目的是促进公司自我纠正，提高公司合规水平，增强公司社会责任意识，保护公司合法权益，维护社会公共利益。

第四条　本公司涉案刑事合规整改的原则是依法、公正、有效、透明。

第二章　启动涉案企业合规整改

第五条　申请或者接受合规整改应当提交以下资料：

（一）合规申请书，包括涉案企业的基本情况、涉案违法犯罪行为的概要、合规整改的目标和意愿等内容；

（二）合规承诺书，包括涉案企业对合规整改的承诺、对合规整改期限的承诺、对合规整改费用的承诺、对合规整改结果的承诺等内容；

（三）合规整改计划书，包括涉案企业的合规整改目标、合规整改措施、合规整改时间表、合规整改责任人、合规整改预期效果等内容。

第六条 公司提交的材料应当符合检察机关的要求，检察机关对公司提交的资料进行审查，判断是否符合合规整改的条件，包括以下方面：

（一）涉案企业是否具有合法的法人资格；

（二）涉案企业是否存在严重的违法犯罪行为，是否对社会公共利益造成重大损害；

（三）涉案企业是否真诚地表达了合规整改的意愿，是否能够承担合规整改的费用；

（四）涉案企业的合规整改计划是否具有可行性、有效性、合理性。

第七条 检察机关在审查涉案企业的资料时，征询第三方机制管委会的意见，第三方机制管委会根据涉案企业的合规整改情况，提出是否启动第三方机制的建议。

第八条 如果检察机关认为公司符合合规整改的条件，且第三方机制管委会同意启动第三方机制，检察机关可以商请第三方机制管委会启动第三方机制，由第三方机制管委会从专业人员名录库中随机抽取人员组成第三方组织，对涉案企业进行合规监督评估。

第三章 制定涉案企业合规计划

第九条 合规计划应当根据本公司的实际情况和检察机关的

要求，制定具体的合规目标、合规措施、合规期限、合规责任等内容，明确合规计划的执行主体、监督主体、评估主体等角色，确保合规计划的可操作性、可监督性、可评估性。

第十条　合规计划应当包括以下方面的内容：

（一）合规管理体系的建立或完善，包括制定或修订公司章程、规章制度、合规手册、合规报告等文件，设立或完善首席合规官、合规部门、合规人员等机构，明确合规职责、权限、流程等内容。

（二）合规培训的开展，包括对本公司的董事、高管、员工等进行合规教育、培训、考核等活动，提高合规意识、能力、水平，防范合规风险，营造合规文化。

（三）合规检查的实施，包括对本公司的生产经营活动、财务状况、合同履行、内部审计等方面进行定期或不定期的合规检查、审查、核查等工作，发现并纠正合规问题，预防和控制合规风险。

（四）合规报告的制作，包括按照检察机关和第三方组织的要求，定期或不定期地向检察机关和第三方组织提交合规计划的执行情况、合规问题的发现和处理情况、合规效果的评估和改进情况等内容的合规报告，接受检察机关和第三方组织的反馈和指导。

（五）合规奖惩的执行，包括根据合规计划的执行情况，对本公司的董事、高管、员工等进行合规奖励或惩戒，激励合规行为，惩戒违规行为，形成合规激励机制。

第四章　涉案企业合规整改建设

第十一条　本公司在合规整改期内，应当按照合规计划的要求，对涉案违法犯罪行为进行调查、处理，对公司内部治理结构、规章制度、人员管理等方面进行改进，建立或者完善企业合规制度，构建有效的合规组织体系，健全合规风险防范报告机制，防止再次发生相同或者类似的违法犯罪。

第十二条　公司应当定期以书面形式向检察机关和第三方组

织报告合规计划执行情况，同时将执行情况抄报行政监管机关。

第十三条 本公司应当积极配合第三方组织的监督评估工作，提供必要的资料和信息，接受第三方组织的巡查访谈、文本审阅、问卷调查、知识测试等方式的考察。

第十四条 本公司合规官应当及时解决刑事合规整改过程中出现的问题和困难，如遇到不可抗力或者其他特殊情况，影响合规整改的正常进行，应当及时向检察机关和第三方组织说明情况，申请延长合规整改期限。

第十五条 公司应当诚信履行合规承诺，不得有以下行为：

（一）伪造、隐瞒、篡改、销毁合规相关的资料和信息；

（二）妨碍、拒绝、欺骗第三方组织的监督评估工作；

（三）以合规整改为名，从事违法犯罪活动或者损害他人合法权益；

（四）其他违反合规承诺的行为。

第五章 涉案企业的合规效果

第十六条 合规效果应当由第三方组织和检察机关共同评估，主要依据以下标准：

（一）是否按照合规计划的要求，制定和执行了合规管理体系、合规培训、合规检查、合规报告、合规奖惩等内容，是否达到了合规计划的目标，是否消除或减轻了合规风险。

（二）是否在合规计划的执行过程中，诚信合作，如实反映，积极改进，没有任何妨碍、阻挠、欺骗、隐瞒等行为，是否接受了第三方组织和检察机关的评估、监督和考察，是否按照第三方组织和检察机关的反馈和指导，及时调整和完善合规计划。

（三）是否在合规计划的执行期限内，实现了合规计划的效果，是否改善了生产经营方式，是否提高了经营业绩，是否履行了社会责任，是否增强了社会影响，是否防止了再次发生相同或类似的违法犯罪。

第十七条　合规效果应当由第三方组织和检察机关分别出具评估报告和考察报告，提交涉案企业和第三方机制管委会，由第三方机制管委会进行汇总和审核，形成最终的合规效果评价报告，提交检察机关。

第十八条　检察机关根据第三方机制管委会的合规效果评价报告，综合考虑涉案企业的合规计划的执行情况和合规效果，决定是否对涉案企业适用合规不起诉或从宽处罚的激励措施，或者是否调整或终止合规计划，或者是否采取其他法律措施。

…………

附　　则

第××条　本办法由企业合规部门负责解释。

第××条　本办法自发布之日起执行。

第七章 企业刑事合规体系的测试与完善

一、模拟刑事风险

企业面临的刑事合规风险多元且贯穿企业经营管理的各个流程和各个领域，实践中企业面临的刑事风险主要集中在市场交易领域、安全环保领域、产品质量领域、劳动用工领域、财务税收领域、知识产权领域、商业伙伴领域、海外业务领域。因此本次模拟的刑事风险也主要从以上领域展开。

（一）市场交易领域的刑事风险

市场交易领域的刑事风险主要体现在企业缺乏完善的交易管理制度，未严格履行决策批准程序等方面。这一领域的问题突出表现为商业贿赂、不正当竞争、垄断、违法招投标等违法职务犯罪的风险，常见罪名包括贪污罪、行贿罪、受贿罪、非国家工作人员受贿罪、职务侵占罪、非法经营罪、串通投标罪等。

（二）安全环保领域的刑事风险

安全环保领域的刑事风险主要体现在违反国家关于生产安全、环境保护方面的法律法规，未能建立完善的安全生产和环境保护的制度规范。这一领域的问题突出表现为生产安全生产和环境污染风险，常见的罪名包括重大责任事故罪、重大劳动安全事故罪、污染环境罪、非法采矿罪等。

（三）产品质量领域的刑事风险

产品质量领域的刑事风险主要体现在未建立完善的质量管理体系，未严格把控各环节产品质量，问题突出表现为生产销售伪劣产品、产品质量损害等违法犯罪问题，常见的罪名包括生产、销售伪劣产品罪，生产、销售有毒、有害食品罪，生产、销售假药罪等。

（四）劳动用工领域的刑事风险

劳动用工领域的刑事风险主要体现为企业未遵守劳动法律法规，缺乏完善的劳动合同管理制度，劳动合同的签订、履行、变更和解除不规范，突出表现为企业违规用工、违规解聘、拒不支付劳动报酬等违法犯罪问题，常见的罪名包括强令违章作业罪、拒不支付劳动报酬罪、强迫劳动罪等。

（五）财务税收领域的刑事风险

财务税收领域的刑事风险主要体现为企业未建立完善的内部财务控制体系，未严格执行财务事项操作和审批流程，未树立依法纳税意识，这一阶段的问题突出表现为逃税、虚开发票、购买发票、出售发票等违法犯罪问题，常见的罪名包括逃税罪、虚开增值税专业发票罪、非法出售增值税专业发票罪、非法购买增值税专业发票罪等。

（六）知识产权领域的刑事风险

知识产权领域的刑事风险主要体现在未及时申请注册知识产权成果，规范实施许可和转让，未能对商业秘密和商标进行有效保护，这一阶段的问题突出表现为侵犯知识产权、侵犯商业秘密、销售侵权著作品等违法犯罪问题，常见的罪名包括侵犯著作权罪、销售侵权复制品罪、侵犯商业秘密罪等。

（七）商业伙伴领域的刑事风险

商业伙伴领域的刑事风险主要体现在未对商业伙伴进行充分的背景调查，未与商业伙伴签订合规协议、要求商业伙伴作出合规承诺等，这一领域的问题突出表现为合同诈骗、签订、履行合同失职被骗等违法犯罪问题，常见的罪名包括签订、履行合同失职被骗罪，国有公司、企业、事业单位人员失职罪，国有公司、企业、事业单位人员滥用职权罪等。

二、程序性测试

开展企业刑事合规体系程序性测试工作一般应包含以下环节：组建测试工作小组、制订测试实施方案、设计有效性评价指标、收集审阅文档资料、现场调研与验证、对标与分析、编制测试工作报告等。

组建测试工作小组。企业可以聘请第三方或者自行组织开展刑事合规体系测试工作，成立测试工作小组，并明确相应的负责人。企业应确保测试工作小组具备独立开展有效性测试工作的职权，并为其提供必要的资源保障，测试小组各成员也应具备相应的履职能力和实践经验。

制订测试实施方案。测试工作正式启动前，测试工作小组应制定具体的实施方案，明确测试的目的、范围、内容、流程、分工、要求、关键时间节点等内容。提前制订实施方案，有助于测试项目的顺利开展，并帮助企业获得理想的评价结果。

明确刑事合规体系有效性指标。评价工作开展的一项前提是明确评价的依据和标准，确定一套既符合国内监管要求、符合国际标准，又与企业自身高度匹配适用的评价指标体系，是评价工作开展的重要基础。

设计刑事合规体系有效性评价指标。测试工作开展的前提是明确测试的依据和标准，确定一套既符合国内监管要求、符合国际标准，又与企业自身高度匹配适用的测试指标体系，是测试工作开展的重要基础。

收集审阅文档资料。测试工作小组应全面收集与刑事合规体系建设、运行相关的各种文件、资料，包括但不限于公司的规章制度、合规管理政策和流程、其他相关合规文件、合规管理和运行的工作记录或证明材料等，为分析测试工作做好准备。

现场调研与验证。在完成文档资料收集信息工作的基础上，测试工作小组可以进一步通过调查问卷、调研访谈、实地走访、个人访谈、测试验证等各种成熟调研方法深入挖掘信息，对企业刑事合规体系进行全方位调研和验证，并将调研和访谈中涉及的重要事项予以记录，利用表格、矩阵等方式，客观、准确地反映企业当前刑事合规体系设计及运行状态，为编写刑事合规体系评价报告提供依据。

对标与分析。针对前期调研和验证过程中形成的评价信息和结果，测试工作小组应将其与测试指标体系进行全面对标和分析，及时发现企业在刑事合规领域存在的漏洞及问题。

三、测试结果评估意见

企业最终的刑事合规体系有效性评价的结果以书面评估意见的形式予以呈现，评估意见的内容一般应当包括以下几点。

1. 测试工作的总体开展情况、依据、范围、程序和方法等。

2. 企业合规体系现状。

3. 测试工作得出的结论。

4. 企业合规管理体系存在的问题。

5. 针对问题提出的改进完善建议、方案等。

四、完善企业刑事合规体系

企业刑事合规体系主要由企业刑事合规的规章制度、合规部门及人员、刑事合规义务清单、刑事风险的识别及预警机制、合规操作指引、合规文化、合规监督与奖惩机制七个方面组成，完善企业刑事合规体系也应当从上述七个方面展开。

1. 完善企业刑事合规体系应从顶层制度设计、人员组织结构、工作程序指引等方面构建完整的刑事合规工作制度，包括专项合规制度以及具体的合规政策。

2. 企业应当设置与企业类型、规模、业务范围、行业特点等相适应的合规管理机构或者管理人员，合规人员的组织架构应当根据企业规模大小的不同进行差异化设置。

3. 企业刑事合规义务是企业日常业务行为的边界，其义务来源包括刑法及相关司法解释、规范性文件规定、国际法规、道德准则等，企业收集刑事合规义务清单的目的是有针对性地预防相关的刑事法律风险。收集企业刑事合规义务的方式包括从企业的业务流程展开以及从企业应遵守的部门法归属角度展开。

4. 企业建立刑事风险识别与预警机制的目的是使相关的风险信息能在企业合规系统中得以及时地呈现，对企业日常经营中常见涉刑事风险事项做到早发现、早预警并及时采取相应的应对措施。

5. 企业通过制订专项合规计划，针对企业日常经营活动中的违规行为通过合规操作指引的方式加以规范和明确，预防再次发生相同或类似的违法犯罪行为。

6. 企业应当建立常态化合规培训机制，加强合规宣传教育，引导全体员工自觉践行合规理念，遵守合规要求，接受合规培训，对自身行为合规性负责，培育具有企业特色的合规文化。

7. 企业应当建立完善的违规行为监测、举报、调查、处理机制，确保能够及时发现和监控合规风险，纠正和处理违规行为。企业还应建立合规绩效评价机制，引入合规指标对企业主要负责人、经营管理人员、关键技术人员等进行考核，将考核结果作为上述重点岗位人员职级评定、考核评价的重要依据。

示例二十

企业刑事合规体系的测试与完善流程

步骤一　模拟刑事风险

为了检验企业刑事合规体系的有效性和合理性，企业应定期或不定期地模拟可能发生的刑事风险场景，包括但不限于以下方面：

——企业经营活动中可能涉及的贿赂、挪用公款、侵犯商业秘密、假冒注册商标、侵犯知识产权、逃税、洗钱等刑事犯罪；

——企业内部管理中可能存在的职务侵占、职务侵权、内幕交易、泄露商业秘密、滥用职权、玩忽职守、徇私舞弊等刑事犯罪；

——企业应对外部监管、检查、调查、诉讼等情况时可能涉及的伪造、隐匿、毁灭证据、妨碍司法、假证、伪证、串供、诬告陷害等刑事犯罪。

企业应根据模拟的刑事风险场景，制定相应的应对策略和预案，明确责任人、职责范围、操作流程、沟通渠道、应急措施等内容。

步骤二　程序性测试

为了验证企业刑事合规体系的可操作性和实施效果，企业应通过程序性测试的方式，检验企业刑事合规体系的各个环节和要素，包括但不限于以下方面：

——企业刑事合规体系的制定、修订、发布、传达、培训、执行、监督、评估、完善等过程是否规范、有效、及时；

——企业刑事合规体系的各项规章制度、管理制度、内部控制制度、风险防范制度、应急处置制度等是否完备、合理、适用；

——企业刑事合规体系的各项措施、机制、手段、工具、资源等是否充分、有效、合法、合规；

——企业刑事合规体系的各级组织、部门、人员、岗位等是否明确、协调、配合、负责。

企业应根据程序性测试的结果，及时发现企业刑事合规体系的不足、缺陷、漏洞、风险等问题，提出改进意见和建议，制定整改措施和计划。

步骤三　测试结果评估意见

为了提高企业刑事合规体系的水平和效能，企业应对模拟刑事风险和程序性测试的结果进行综合分析和评估，形成测试结果评估意见，包括但不限于以下方面：

——企业刑事合规体系的总体情况、优势、劣势、特点、趋势等；

——企业刑事合规体系的各个方面、环节、要素的具体表现、评价、排名、对比等；

——企业刑事合规体系的存在的问题、原因、影响、风险等；

——企业刑事合规体系的改进方向、目标、措施、建议等。

企业应将测试结果评估意见以书面报告的形式，报送企业首席合规官、企业法律顾问、企业高层管理人员等相关方，以便进行审议、决策、指导、督促等工作。

步骤四　完善企业刑事合规体系

为了保障企业刑事合规体系的持续有效和适应性，企业应根据测试结果评估意见，及时完善企业刑事合规体系，包括但不限于以下方面：

——修订、完善、补充企业刑事合规体系的各项规章制度、管理制度、内部控制制度、风险防范制度、应急处置制度等；

——调整、优化、增强企业刑事合规体系的各项措施、机制、手段、工具、资源等；

——建立、完善、强化企业刑事合规体系的各级组织、部门、人员、岗位等；

——加强、规范、持续企业刑事合规体系的制定、修订、发布、传达、培训、执行、监督、评估、完善等过程。

企业应定期或不定期地对完善后的企业刑事合规体系进行再次测试，以检验其效果和效率，形成闭环管理，实现持续改进。

…………

第八章 企业合规整改文件模板

一、涉案企业合规整改计划示例（以张家港市L公司污染环境案为例）

张家港市L公司污染环境案合规整改计划

1. 企业基本情况

包括企业基本信息，如企业类型、成立时间、经营范围、员工情况等，投资人结构，内部组织架构，发展历程，主营业务，上下游供应商客户关系，重大资产负债情况，行业地位，在本区域经济社会发展中的表现，企业拥有的知识产权情况，纳税情况，吸引劳动就业情况，未来发展前景判断……

（如张家港市L公司成立于××××年××月××日；公司类型：有限责任公司；公司经营范围：不锈钢产品的生产、研发、销售；公司注册资本金：人民币×元。本公司为江苏省省级高科技民营企业，主要负责机械不锈钢产品、机械配件制造、加工、销售；化工设备及配件、金属压力容器及配件设计、制造、加工、销售等领域，拥有专利20余件，部分产品突破国外垄断，在国内相关技术领域具有重要地位。公司目前人员90余人，具有诸多高新技术人才，具有较强的科研力量，年均纳税400余万元，纳税贡献较大。）

2. 企业涉案的成因分析

对为何涉及犯罪的动因、目的等主观动机进行剖析，对犯罪行为、犯罪后果、到案过程进行客观陈述；对到案后配合司法机关调查的主动性、对认罪认罚的态度、对自首、立功的表现等进行陈述；对企业走向犯罪道路的主观、客观原因进行分析，尤其注意分析企业内部管理、合规风险识别等方面存在的缺陷……

（2018年下半年，我公司在未取得生态环境部门环境评价的情况下建设酸洗池，并私设暗管，将含有镍、铬等重金属的酸洗废水未经处理排放至生活污水管，造成严重环境污染。经检测，我公司排放井内积存水样中总镍浓度为29.4mg/L、总铬浓度为29.2 mg/L，分别超过《污水综合排放标准》的29.4倍和19.5倍，构成污染环境罪。

2020年6月，我公司主要责任人张某甲、张某乙、陆某某主动向张家港市公安局投案，如实供述犯罪事实，资源认罪认罚。2020年10月，检察机关在审查我公司犯污染环境罪时，向我公司送达《企业刑事合规告知书》，我公司第一时间提交书面合规承诺以及行业地位、科研力量、纳税贡献、承担社会责任等证明材料。

我公司对自身经营行为和内部管理活动进行深刻反思，涉嫌犯罪原因系我公司环保法律意识淡薄，过分追求经济利益，逃避环保部门监管。我公司决心将针对公司内部治理结构、制度制定、风险识别、合规审查、风险应对、责任追究、考核评价、合规培训、企业文化等方面存在的问题进行合规整改。）

3. 制定合规计划遵循的原则

（1）全面性原则。强调合规计划与涉及案件的整体关联性，强调合规计划内容的全面性。（如我们认识到企业内部经营管理牵一发而动全身，虽是在生态环境保护环节发生的刑事犯罪行为，但我们将全面审查企业经营的各个环节，尤其是基础管理、生产等重点环节，我们将严肃严格进行合规整改，防止片面合规、形式合规。）

(2)针对性原则。强调在企业合规建设过程中突出重点,不同企业涉及的刑事风险不尽相同,企业在合规整改过程中需要对其出现的具体犯罪进行针对性、差异化分析。(如针对本公司涉嫌的污染环境刑事犯罪问题,我们将专项对环境保护进行深入的合规风险排查,对涉及的合规风险进行全面梳理,积极采取措施,保障企业合规经营。)

(3)可行性原则。强调经济、技术、法律等方面的可行性。(如我们将本着实事求是、客观实际的原则,追求合规体系建设的经济性、可行性,不片面追求做假文章、面子工程。本次合规整改将与企业的规模、能力、效益相适应。将合规建设视为企业长远发展的生命线,在不同发展阶段,不断优化和提档升级,让合规始终与企业发展相适应。)

(4)有效性原则。强调合规计划应当与犯罪因素相对应,强调合规整改效益的可量化、可考察性。(如我们将合规计划的有效性运行作为合规整改的方针,将每一项整改计划落实到位,让合规计划产生实际效果,满足检察机关、第三方组织的对合规整改的要求。)

4. 企业合规建设方案

(1)合规管理规范

合规管理规范包括合规章程和制度。企业应当根据自身经营、行业特点和环境差别,结合涉嫌的具体罪名,由企业权力机构制定以具体领域合规为目的的合规章程、行为准则、专项管理办法等管理类制度,并定期更新上述文件,将外部的法律法规变化和监管动态及时纳入其中。

(2)合规组织体系

涉案企业应当设立合规管理部门,包括因企制宜设置合规管理的岗位、部门或者兼职岗位、兼职部门,负责组织、协调和推动合规管理体系的建设和运行。企业负责人应当参与合规管理机构。合规管理部门应根据合规章程和合规制度负责本企业合规整改的具体实施。

(3)合规组织保障

企业实际控制人应作出合规支持承诺，给予合规管理部门或合规人员足够的支持，必要时，由企业实际控制人担任合规管理部门负责人或合规人员，保障合规整改机制运行。

(4)合规风险预防机制

企业应分析研判涉案的犯罪原因，并制定和完善针对性、预防性的管理制度，确保管理制度在企业内贯彻落实，形成合规企业文化。如根据合规制度对企业经营进行管理，将合规审查作为企业经营的首要决策程序，未经合规审查，不开展相关生产经营活动；根据业务的规模初步诊断风险，并定期或不定期对企业开展合规审查工作进行实施监察，同时可形成相关书面报告，并呈交企业权力机构，以确保合规制度真实实施。

(5)合规风险识别机制

企业应当组织管理人员或者内部有关机构，必要时可以委托外部专业机构参与或者协助，以涉嫌犯罪的具体罪名为着力点，对企业隐藏的合规风险展开全面风险识别，编制合规风险清单，构建企业合规风险识别框架，提出合规管理体系建设的重点和基本措施。

(6)合规风险处置机制

企业应当建立举报、问责与惩戒制度，明确相关措施，并对企业的制度漏洞和管理缺陷采取必要的修复措施，以改进和完善原有的合规体系。如根据自身经营规模设立不合规线索提供方式，及时发现生产经营活动中出现的不合规情况，并根据线索情况，决定启动对应的调查机制；企业应根据已发生的合规风险具体情况，作出具体应对方案。针对特定的不合规风险，应制定专项应对措施，将不合规结果给企业带来损失降至最低，并将合规风险的产生、识别、排查、应对的全面情况向企业权力机构书面汇报。

(7)合规培训与合规文化

合规培训是提高员工合规意识的重要手段、是企业进行管理的有效方式，是企业合规管理体系的重要组成部分，是企业合规文化建设不可或缺的一环。企业应当根据经营情况建立合规培训制度，对培训的周期、次数、人员等进行具体规定，将合规培训与薪资增减、职位晋升、评优评先等进行挂钩。

5. 合规整改期限

结合企业涉案的类型、案件进展、司法时限、企业经营规模、业务分布、人员素质水平提出合理的合规整改期限，提出分步分项的工作计划，提出向第三方组织、检察机关报告合规整改进展的机制。

6. 合规目标

根据企业涉及的罪名情况，制定企业合规整改的目标，目标应当可量化，可考察。

…………

二、涉案企业合规整改申请书示例

涉案企业合规整改申请书

申请人：单位名称：__________，统一社会信用代码：__________，法定代表人：__________，住所：__________，联系电话：__________。

申请事项：申请在×××人民检察院审查的×××涉嫌×××罪一案中，对我公司适用涉案企业合规和第三方监督评估机制。

事实与理由：

××××年××月××日，××人民检察院给我公司下达《适用涉案企业合规试点及第三方监督评估机制听取意见函》《涉案企业合规告知书》，告知申请人，×××涉嫌×××罪一案在人民检察院审查过程中，可自愿申请进行企业合规整改，争取宽缓处理。申请人根据自身情况特提出涉案企业合规申请，具体情况如下。

一、公司基本概况

1. 企业简介：简述企业的基本信息、投资人结构、公司治理结构、内部组织架构、发展历程、主营业务、上下游供应商客户关系等。

2. 企业发展核心竞争力简介：主要包括公司的荣誉、商誉、行业地位，拥有的专利、商标以及未来发展前景。

3. 社会责任履行情况：主要包括近3年的纳税情况、提供就业岗位情况。

…………

二、涉嫌犯罪经过及成因分析

1. 对涉嫌犯罪的动因、目的等主观动机进行刨析，对犯罪的行为、到案过程进行客观陈述等。

2. 对到案后配合司法机关调查的主动性、认罪认罚的态度、自首、立功等情况进行陈述。

3. 对导致犯罪的企业治理缺陷进行分析。

…………

三、企业合规的必要性和可行性

1. 企业及管理层的主观合规意愿。

2. 企业开展合规整改的制度基础、员工素质、资源配备等。

…………

综上，为贯彻落实党中央对民营企业“严管厚爱”的政策措施，防止申请人再次走上违法犯罪的道路，体现我国刑法“刑事惩罚与教育感化”并重的原则，考虑到申请人还能为社会、为所在地区经济作出一定贡献，根据最高人民检察院及其他有关部门发布的有关刑事涉案企业相关合规整改政策的有关规定，特向贵院申请合规整改及第三方监督评估机制，以弥补企业在经营管理过程中的不足之处，请求给予申请人公司及涉案人员宽缓处理。

此致

×××人民检察院

申请人：（印章）

法定代表人：（签字）

年　　月　　日

附件：

1. 公司营业执照复印件；

2. 公司固定资产投资证明；

3. 公司近三年完税凭证；

4. 劳动用工职工花名册（可附劳动合同、社保缴纳人员清单）；

5. 企业信用信息。

三、涉案企业合规整改承诺书示例

涉案企业合规整改承诺书

本单位或本单位人员因涉嫌 ××× 罪自愿接受 ××× 人民检察院启动合规考察，同时承诺：

一、积极认罪认罚、退赔退赃。

二、严格遵守规定。接受第三方监管人考察与检察机关的监督。

三、按照检察机关与第三方监管人要求按期提交合规计划。

四、承诺合规计划不存在虚假记载、重大遗漏，严格按照合规计划整改，确保合规整改获得监管部门验收。

五、承诺本单位无危害国家安全、公共安全以及其他严重危害他人人身、财产安全的情况。

六、承诺考察期内不会实施新的犯罪及其他违反合规考察承诺的行为。

七、若考察期内无法通过第三方监管人的验收，愿意再次进行整改。

八、根据相关规定支付第三方监管人的费用。

…………

本件一式四份，检察机关、第三方监管人、企业、合规团队各一份。

承诺人：

年　　月　　日

四、企业家宣言示例

企业家宣言

×××公司承载着全体员工的共同理想，我们热爱×××公司正如热爱我们的生命，我深知，企业的发展离不开法治的保障，企业的行为必须遵守法律的规范，企业的利益必须符合法律的要求。我坚决反对和抵制任何违法犯罪的行为，我坚决支持和配合任何合法合规的监管，我坚决维护和尊重任何正义公正的司法。为此，我郑重宣誓，我们将：

1. 制定和执行企业刑事合规的各项规章制度，明确企业的刑事合规目标、原则、标准、流程、责任等内容；

2. 建立和落实企业刑事合规的各项管理制度，包括风险识别、风险评估、风险控制、风险监测、风险报告、风险应对等内容；

3. 建立和完善企业刑事合规的各项内部控制制度，包括制度控制、流程控制、人员控制、信息控制、财务控制、审计控制等内容；

4. 建立和强化企业刑事合规的各项风险防范制度，包括风险教育、风险培训、风险咨询、风险警示、风险激励、风险惩戒等内容；

5. 建立和规范企业刑事合规的各项应急处置制度，包括应急预案、应急组织、应急流程、应急措施、应急沟通、应急总结等内容。

…………

我承诺，我将以此宣言为准则，以法律为依据，以良知为准绳，以诚信为基础，以创新为动力，以合规为前提，以发展为目的，以社会为导向，以国家为荣，以人民为本，做一个有理想、有担当、有责任的企业家。

宣誓人：

年　　月　　日

五、××× 公司生产安全责任人承诺书示例

××× 公司生产安全责任人承诺书

为深入贯彻安全生产法律、法规，保障本公司员工身体健康、生命和财产安全，防止和减少生产安全事故的发生，作为公司安全生产第一责任人，必须在思想上高度重视，在行动上积极参与，始终把安全生产作为公司发展的第一要务，努力营造安全稳定的生产环境。为此，我郑重承诺：

一、严格遵守国家安全生产有关法律法规，贯彻落实本公司关于生产安全的规章制度和操作流程；落实安全生产责任制，督促全员履行安全生产责任，确保责任到位，奖惩到位。

二、落实安全风险分级管理与隐患排查治理双重预防机制，开展重大事故隐患排查整治，及时督促、检查建设项目的安全生产工作，及时消除各类安全生产事故隐患。

三、自觉接受行业主管部门职业健康安全教育，组织制定并实施公司安全生产教育和培训计划，提高员工的安全意识和能力水平。

四、组织制定并实施突发事件总体应急预案和专项应急预案，严格执行安全生产事故报告制度，及时如实上报安全生产事故。

…………

承诺人：

所属单位：

职位：

年　　月　　日

六、××× 公司员工承诺书示例

××× 公司员工承诺书

我已收悉并理解《××× 公司合规管理手册》的全部内容，清楚合规要求及违反合规要求承担的责任，认同并愿意践行公司合规理念，履行合规义务。在此，我承诺：

1. 自觉遵守法律、行政法规、监管机构的有关规定，服从 ×× 业协会的自律性管理，审慎高效地行使职权、履行义务。

2. 自觉抵制商业欺诈和商业贿赂，除按公司有关规定允许收受或者赠予客户一定数额的小额宣传性礼品外，不得接受或赠予客户其他形式的礼品或礼金。一旦发现或知晓欺诈或商业贿赂行为时，应自觉抵制并及时向公司报告。

3. 保护公司商业秘密与客户信息，未经许可，不随意接触公司商业秘密与客户信息，不向外泄露公司商业秘密和客户信息资料，但法律要求提供的或客户授权披露的信息除外。保证不利用公司商业秘密和客户信息牟取个人利益。

4. 坚持以客户和公司利益为重，不在其他公司兼职（公司委派的除外）或从事第二职业，不在外参与经营性或营利性活动。当发生利益冲突时，应主动申请回避，或向管理层、利益相关人充分披露利益冲突信息，以保障业务处理的公平合理。

5. 履行司法协助义务，按照有关法律法规的要求，协助司法机关、行政执法部门执行公务，不泄露司法、行政执法活动信息，不协助客户隐匿、转移资产。

6. 认真履行岗位合规职责，协助开展反洗钱等合规工作，自觉接受业务主管部门、法律合规部门和稽核部门的监督检查。愿意承担因本人失信、失职，违法、违规以及配合监管不力等带来的后果。

…………

本人声明：以上内容本人已完全理解并自愿遵守。在公司工作期间，如发生违背上述承诺事项的行为，本人自愿接受公司及相关监管部门调查，并承担相应法律责任。

承诺人：

年　　月　　日